新鮮な卵の毎日のクックブック

卵を使った100以上の素晴らしいレシピあなたとあなたの家族にとって予期せぬ形で

裕太 工藤

目次

導入

卵が体に良いことは誰もが知っています。それらはタンパク質と重要な栄養素の優れた供給源であり、さまざまな調理方法で非常に多用途です。卵の一番の魅力は何でしょうか？おいしいですよ。

この本には、いつでも完璧でおいしい卵を確実に作るための段階的なテクニックとアイデアが記載されています。ほんのいくつかの基本を学べば、必要な人数に合わせて、簡単に準備できる幅広い料理を作ることができます。さあ、さあ、クラッキングを始めましょう！

基本の生卵レシピ

1．ゆで卵

方向

a) 卵を鍋の底に一層に置き、冷水を注ぎます。水は卵より約1インチほど高いはずです。鍋に蓋をし、中火にかけて沸騰させます。

b) 水が沸騰し始めたら、鍋を火から下ろし、18〜23分間放置します。卵黄を柔らかくするには時間を 3 〜 4 分に短縮し、卵黄を中程度にするには時間を 11 〜 12 分に減らします。

c) 水を切り、すぐに卵が冷めるまで冷水を流すか、穴あきスプーンで卵を取り出し、氷浴に入れて調理を停止します。

2．卵焼き

材料

- 卵
- クッキングスプレー、バターまたは油
- 塩とコショウ

方向

a) 鍋を中火で加熱します。お好みに応じて、鍋にクッキングスプレー（通常の鍋のみを使用する場合）、バター、または油を塗ります。バターを使用する場合は溶けるまで十分な時間を置き、油を使用する場合は30秒ほど加熱してください。

b) ボウルに卵を割り入れ（複数の卵を揚げる場合は、それぞれを専用のボウルに割り入れるか、同じボウルを再利用できます）、卵をフライパンにそっと落とします。塩、こしょう（お好みで）で軽く味付けします。

c) 卵の白身が固まり、端がカールし始めるまで、約3〜4分間調理します。騒ぎたくなる衝動を抑えてください。卵は放っておいたほうがより良く仕上がります。目玉焼きの場合は、卵を皿の上にスライドさせるだけです。簡単すぎる卵、中程度の卵、またはウェルすぎる卵の場合は、次のステップに進みます。

d) スパチュラを使って卵を静かにひっくり返します。卵の下まで入れる必要はありませんが、ひっくり返す前に黄身の下にあることを確認してください。簡単すぎる場合はさらに約 30 秒、中程度の場合は 1 分、よくすぎる場合は 1 分半調理します。もう一度ひっくり返してお皿に乗せます。

3．ポーチドエッグ

材料

- 卵
- 水
- 塩とコショウ

方向

a) 鍋に**8cm**の水を入れて沸騰させます。その間に、卵をそれぞれの小さな
   ボウルに割り入れ、水が適切な温度に達したらすぐに準備できるようにし
   ます。

b) 水が沸騰したら弱火にして軽く煮ます。沸騰したお湯の真上にボウルを
   持ち、卵をそっと水の中に滑り込ませます。2 番目の卵も同じように落と
   して、入った順序を記録してください。最初に入れた卵が最初に取り出さ
   れるはずです。より多くの卵を調理する場合は、水温が下がりすぎないよ
   うに、より多くの水を使用することを忘れないでください。

c) 卵を**3分**後に取り出して柔らかくポーチするか、**5分**間調理して卵黄をよ
   りしっかりさせます。穴あきスプーンで取り出し、できるだけ多くの水を切り
   ます。スプーンを動かすと、卵が（ほんの少しですが）揺れるはずです。
   調理した卵をペーパータオルの上に置き、塩とコショウ（お好みで）で味
   付けします。

4．スクランブルエッグ

材料

- 卵
- 牛乳
- クッキングスプレーまたはバター
- 塩、こしょう（お好みで）

方向

a) 1 回分のスクランブルエッグを準備するには、卵 2 個をボウルに割り、牛乳大さじ 2 (30 mL) を加えて混ぜます。必要に応じて、塩とコショウで味付けします。

b) 鍋を中火にかけます。好みに応じて、鍋にクッキングスプレー（通常の鍋のみを使用する場合）またはバターを塗ります。バターを使用する場合は、溶けるまで十分な時間をかけてください。卵を鍋に注ぎ、火を中弱火に下げます。

c) スパチュラで卵をそっと動かし、柔らかいカードを形成します。鍋に液状の卵がなくなるまで、ただし卵が乾いたように見える前にかき混ぜ続けます。

d) すぐに卵と皿を取り出します。

5. オムレツ

材料

- 卵 2個
- 水 大さじ2（30mL）
- クッキングスプレー、バターまたは油
- お好みの具材（例：チーズ、マッシュルーム、ピーマン）
- 塩、こしょう（お好みで）

方向

a) 泡立て器またはフォークを使用して、卵を大さじ2杯（30 mL）の水で混ぜます。塩とコショウ（お好みで）で味付けします。黄身と白身をよく混ぜ合わせてください。

b) 鍋を中強火で加熱します。お好みに応じて、鍋にクッキングスプレー（通常の鍋のみを使用する場合）、バター、または油を塗ります。バターを使用する場合は溶けるまで十分な時間を置き、油を使用する場合は30秒ほど加熱してください。

c) 鍋が温まったら、混合物を注ぎます。卵混合物が鍋の端の周りに固まったら、スパチュラを使用して、調理済みの部分を鍋の中心に向かって静かに押します。パンを傾けて回転させて、空いたスペースに生卵を流し込みます。卵の表面がしっとりしていて、フライパンを揺さぶっても動かなくなったら、詰める準備ができています。具材は控えめに加えてください。少量でも十分効果があります。

d) オムレツをヘラで半分に折り、底に少し焼き色をつけてから皿に移します。具が残った場合は、残りをオムレツの上に注ぎます。

6. 電子レンジで温めた卵

材料

● 卵1個

● クッキングスプレー、バターまたは油

● ひとつまみの塩

方向

a) 電子レンジ対応の容器やラミキンに、お好みに応じてクッキングスプレー、バター、または油を塗ります（電子レンジ卵調理器を使用する場合は、コーティングする必要はありません）。容器の底に塩を数粒振ります。塩はマイクロ波エネルギーを引き付け、卵を均一に調理するのに役立ちます。

b) 卵を容器に割り入れます。黄身と白身にフォークで4〜5回穴をあけます（調理中の爆発を防ぐために穴は必要です）。

c) ラップで覆い、通気のために小さな領域を後ろに引っ張ります（電子レンジ卵調理器を使用する場合は、ベースの上に蓋を置き、ねじって固定します）。

d) 半熟卵の場合: 電子レンジの高 (出力 100%) で 30 秒間、または中 (出力 50%) で 50 秒間加熱します。30秒間放置してから、ラップまたは蓋を取り外します。まだ調理が不十分な場合は、容器の中で卵を裏返し、蓋をして電子レンジでさらに10秒間、または好みの調理になるまで加熱します。

e) 固ゆで卵の場合：電子レンジを強（出力100%）で40秒間加熱します。30秒間放置してから、ラップまたは蓋を取り外します。まだ調理が不十分な場合は、容器の中で卵を裏返し、蓋をして電子レンジでさらに10秒間、または好みの調理になるまで加熱します。

7. キッシュ

材料

- 卵 4個
- 焼き済みのパイシェル
- ご希望の詰め物
- クリームまたはミルク 1 1/2 カップ (375 mL)
- 塩、こしょう（お好みで）

方向

a) オーブンを 350°F (180°C) に予熱します。チーズなどをふりかけるパイの底に他の具材を詰めます。

b) ボウルに卵と生クリームを入れてよく混ざるまで混ぜ合わせます。塩とコショウ（お好みで）で味付けします。

c) 混合物をパイの殻に慎重に注ぎます。

d) 35〜40分間、またはフィリングが黄金色になるまで焼きます。焼き加減を確認するには、キッシュの中心にナイフを入れます。綺麗に取れたら完成です！食べる前に10分間放置してください。

8．フリッタータ

材料

- 卵 8個
- 水 1/2カップ（125mL）
- 塩 小さじ1/8（0.5mL）
- コショウ 小さじ1/8（0.5mL）
- クッキングスプレー、バターまたは油
- 2 カップ (500 mL) の詰め物 材料 (みじん切り野菜、肉、鶏肉、魚介類、またはそれらの組み合わせ)
- シュレッドチーズ 1/2 カップ (125 mL)
- 新鮮または乾燥ハーブ、好みに応じて（オプション）

方向

a) オーブンを予熱して焼きます。中くらいのボウルに卵、水、ハーブ、塩、コショウを入れて混ぜ合わせます。脇に置いておきましょう。

b) 10インチ（25 cm）の焦げ付き防止のオーブン用フライパンを中火で加熱します。お好みに応じて、フライパンにクッキングスプレー（通常のフライパンのみを使用する場合）、バター、または油を塗ります。バターを使用する場合は溶けるまで十分な時間を置き、油を使用する場合は30秒ほど加熱してください。具材の材料を加え、頻繁にかき混ぜながら完全に火が通るまで炒めます。

c) 卵混合物を注ぎます。混合物がフライパンの端に固まったら、スパチュラで調理部分をそっと持ち上げて、生卵が下に流れるようにします。底が固まり、上がほぼ固まるまで、約8〜10分間調理します。

d) 上にチーズを振りかけます。予熱したブロイラーの下にスキレットを2、3分間置き、チーズを溶かしてフリッタータを膨らませるか、蓋をしてコンロで数分間調理します。

e) フリッタータの端の周りをナイフでほぐします。くさび形に切ってお召し上がりください。

9. スフレ

材料

- 卵 4個
- 卵白 2個
- バター 大さじ2（30mL）
- 中力粉 大さじ2（30mL）
- 塩 小さじ1/2（2.5mL）
- ピンチコショウ
- 3/4 カップ (175 mL) 牛乳 (1%)
- 酒石クリーム 小さじ1/4（1.25 mL）

方向

a) オーブンを 375°F (190°C) に予熱します。中鍋にバターを弱火にかけて溶かします。小麦粉、塩、コショウを加えて混ぜます。混合物が滑らかで泡立つまで、絶えずかき混ぜながら調理します。牛乳を少しずつ加えてかき混ぜます。混合物が滑らかになり、濃くなるまでかき混ぜ続けます。

b) 卵黄を4個に分け、卵白を2個残します。卵黄をよく混ぜ、1/4 カップ (60 mL) の温かいソース混合物を卵黄に加えます。

c) この卵黄混合物を残りのソースと合わせ、よく混ぜます。

d) 大きめのボウルに卵白と酒石クリームを入れ、固まるが乾燥しないまで泡立てます。

e) 卵白の一部をソースに混ぜて軽くし、残りの卵白にソースを優しく、しかし徹底的に混ぜ合わせます。

f) 軽く油を塗った4カップ（1L）のスフレまたはキャセロール皿に慎重に注ぎます。

g) 膨らみ、軽く茶色になるまで、約20〜25分間焼きます。

10.　クレープ

材料

卵 4個

塩 小さじ1/2 （2.5mL）

中力粉 2カップ （500mL）

牛乳 2カップ （500mL）

植物油 1/4 カップ (60 mL) クッ

キングスプレーまたはバター

方向

a) 中くらいのボウルに卵と塩を入れて混ぜます。小麦粉を徐々に加え、牛
乳と交互に滑らかになるまで泡立てます。油をゆっくりと混ぜ合わせます。
このステップではブレンダーを使用することもできます。すべての材料を滑ら
かになるまで約1分間処理します。生地を少なくとも 30 分間冷蔵庫で
冷やして、小麦粉を膨張させ、気泡を潰します。この間に生地が濃くなる
ことがありますので、牛乳または水を少し加えて薄める必要があるかもしれ
ません。クレープ生地は生クリーム程度の粘稠度にする必要があります。

b) クレープパンに少量のクッキングスプレー（通常のパンのみを使用する
場合）またはバターを塗ります。フライパンに水滴を入れてジュワジュワ
と音がするまで中火で加熱します。

c) 生地をかき混ぜ、約大さじ 3 (45 mL) の生地をフライパンに一
度に注ぎます。

d) フライパンを素早く傾けて回転させながら、円を描くように軽く振り、鍋の
底に生地を塗ります。

クレープの底がわずかに茶色になるまで約45秒焼きます。クレープをヘラで裏
返し、さらに15〜30秒焼きます。皿に移し、残りの生地で繰り返します。クレ
ープがくっつき始めたら、クッキングスプレーまたはバターをフライパンに追加しま
す。

11.　　　メレンゲ

材料

- 室温に置いた卵白 3個
- 酒石クリームまたはレモン汁 小さじ1/4（1.25 mL）
- グラニュー糖 1/4カップ（60mL）

方向

a) オーブンを 425°F (220°C) に予熱します。基本的なメレンゲを準備するには、卵白を分離し、ガラスまたは金属のボウルに置きます（プラスチックのボウルには泡立ちを妨げる油膜が付いている場合があります）。卵黄に含まれる脂肪が白身の希望のボリュームを妨げるため、卵白に卵黄の痕跡を残さないように卵を分離します。

b) タルタルクリームを加え、電動ミキサーを使用して卵白を泡立つまで泡立てます。いわゆるソフトピークを形成するはずです。ピークは、ビーターをフォームから取り外すときに引き上げられる「丘」です。先端がゆっくりと倒れると、先端が柔らかいことがわかります。

c) 砂糖を一度に大さじ1〜2杯（15〜30mL）ずつ加え、砂糖がすべて含まれ、角がつやつやになるまで加えます。泡が堅い角を形成し、砂糖がすべて溶けるまで泡立て続けます。砂糖が溶けたかどうかをテストするには、泡立てたメレンゲを親指と人差し指でこすります。ザラザラしていると感じる場合は、滑らかになるまで数秒長く卵を泡立てます。

d) 温かいフィリングの上にメレンゲを重ね、角に軽く焼き色が付く程度で約 4 〜 5 分間焼きます。

12.　　酢漬け卵

材料

- ゆで卵 12個
- 水 1カップ（250mL）
- 白酢 1カップ（250mL）
- グラニュー糖 大さじ1（15mL）
- 塩 小さじ1（5mL）
- ピクルススパイス 小さじ2（10 mL）

方向

a) 小さな鍋に水、酢、砂糖、塩、ピクルススパイスを入れて強火にかけます。砂糖が溶けるまで頻繁にかき混ぜながら沸騰させます。火を弱めて10分間煮ます。

b) 完全に冷めたことを確認して、固茹で卵の殻をむき、瓶に入れます。完璧な固ゆで卵の作り方については、p.4 をご覧ください。

c) 熱いピクルス液を瓶に入れ、卵の上に直接注ぎます。このステップでピクルススパイスを濾すこともできますが、濾していない材料を使用すると、見栄えが良くなります。

d) 使用する前に少なくとも2日間冷蔵してください。

13. 基本のクッキー生地

材料

- 中力粉 2 1/4 カップ (550 mL)
- 重曹 小さじ1 （5mL）
- 塩 小さじ1/4 （1.25mL）
- バター 3/4 カップ (175 mL)、室温
- グラニュー糖 3/4カップ （175mL）
- 3/4 カップ （175 mL） の黒糖パック
- 卵 2個
- バニラ 小さじ1 （5mL）

方向

a) オーブンを180℃（350°F）に予熱し、ベーキングシートにクッキングシートまたはシリコンマットを敷きます。中くらいのボウルに小麦粉、重曹、塩を入れて混ぜます。

b) 大きなボウルにバター、グラニュー糖、ブラウンシュガーを入れて電動ミキサーで滑らかでふわふわになるまで混ぜます。卵とバニラを加え、よく混ざるまで混ぜます。小麦粉混合物を加え、混ざるまで混ぜます。

c) 準備しておいたベーキングシートの上に、大さじ1杯の生地を5cmほど離して置きます。クッキーの光沢がなくなるまで、約 9 分間焼きます。クッキーをベーキングシートの上で1分間冷ましてから、ワイヤーラックに移して完全に冷まします。

毎日新鮮な卵

14.　　　トマトの〇〇詰め

材料：

- 小さなトマト 8 個、または大きなトマト 3 個
- ゆで卵 4 個（冷まして皮をむく）
- アイオリまたはマヨネーズ 大さじ6
- 塩とコショウ
- パセリみじん切り 大さじ1
- 大きなトマトを使用する場合は、白パン粉 大さじ1

方向：

a) 沸騰したお湯の中でトマトの皮を剥き、10秒間氷水または極度に冷水の入った洗面器に入れます。

b) トマトのヘタを切り落とします。小さじまたは小さくて鋭いナイフを使用して、種と中身を削り取ります。

c) 卵をミキシングボウルでアイオリ（またはマヨネーズを使用する場合）、塩、コショウ、パセリと一緒にマッシュします。

d) トマトにフィリングを詰め、しっかりと押し込みます。小さなトマトの蓋を絶妙な角度で閉めます。

e) トマトを上まで詰め、水平になるまでしっかりと押します。1時間冷蔵庫で冷やしてから、鋭い彫刻刀を使って輪切りにします。

f) パセリを飾ります。

15.　　スペイン風スフレパン

1回分: 1回分

材料
- スペイン産クイック玄米 1箱
- 卵4個
- みじん切り青唐辛子 4オンス
- 水 1カップ
- 粉チーズ 1カップ

方向：

a) 箱の中身を調理するには、パッケージの指示に従ってください。

b) ご飯が炊き上がったら、チーズを除く残りの材料を加えて混ぜます。

c) 粉チーズをのせて325°Fで30〜35分間焼きます。

16.　　　ブルーベリーブレックファストベイク

収量：6食分

材料：

- 全粒粉パン 6 枚（古くなった、または乾燥したもの）
- 溶き卵 2個
- 無脂肪牛乳 1カップ
- ブラウンシュガー 1/4カップ（分割）
- レモンの皮 1個（分割）
- シナモン 小さじ2（割る）
- ブルーベリー 2 1/2カップ（分割）

方向：

a) オーブンを華氏350度に予熱します。クッキングスプレーを使用して、12カップのマフィントレイにグリースを塗ります。

b) パンを角切りにして脇に置きます。卵、牛乳、砂糖を大きな洗面器で混ぜ合わせます。

c) ブラウンシュガー大さじ2、シナモン小さじ1/2、レモンの皮1/2を加えます。

d) パンと1 1/2カップのブルーベリーを卵混合物に入れ、液体がほとんど吸収されるまで泡立てます。マフィン型に生地を半分まで入れます。

e) 小さなボウルにブラウンシュガー大さじ1とシナモン小さじ1を入れて混ぜます。フレンチトーストのカップの上にトッピングを散らします。20〜22分間、または表面に焼き色がついてフレンチトーストが完成するまで煮ます。その間に、残りのブルーベリー1カップ、レモンの皮、黒糖大さじ1を小さな鍋に入れ、中弱火で煮ます。8〜10分間、または液体が放出されるまで放置します。

f) ブルーベリーを必要な粘稠度に達するまでポテトマッシャーを使用してマッシュします。

g) ブルーベリーミックスをシロップとして使用し、焼き上がったフレンチトーストにかけます。

17.　　　卵のソース漬け

収量：4食分

材料：

- オリーブオイル 大さじ1
- 黄玉ねぎ 1/2個 （みじん切り）
- トマトペースト 大さじ1
- パプリカ 小さじ3
- ニンニク 3片 （みじん切り）
- ローストした赤ピーマン 4 スライス （角切り）
- 減塩トマト缶 28オンス 1缶
- 塩 小さじ1/8
- 新鮮なほうれん草 3カップ
- 新鮮なパセリ 1/4カップ （みじん切り）
- 大きな卵 4個
- 全粒粉ピタ 2 個 （トーストしたもの）

方向：

a) 大きなテフロン加工のフライパンで油を中火で加熱します。

b) 玉ねぎを加え、2分間、またはある程度柔らかくなるまで煮ます。トマトペースト、パプリカ、ニンニクを加えて30秒ほど煮ます。

c) ピーマン、トマト、調味料を入れて和えます。沸騰したら弱火にします。

d) 時々かき混ぜながら30分間調理します。

e) ほうれん草とパセリ半量を加えて混ぜ合わせます。木のスプーンを使ってトマト混合物の中に4つのくぼみを作ります。4 つのウェルのそれぞれに卵 1 個を割り入れ、蓋をし、8 分間、または卵白が固まるまで調理します。

f) 仕上げに残りのパセリを散らします。ピタパンをディップしてお召し上がりください。

18.　　巣の中の卵

収量：6食分

材料：

- 皮をむいたサツマイモ1ポンド
- オリーブオイル 大さじ2
- 塩 小さじ1/4 （小分け）
- 黒胡椒 小さじ1/4 （小分け）
- 大きな卵 12個

方向：

a) オーブンを華氏400度に予熱します。

b) クッキングスプレーを使用して、12カップのマフィントレイにコーティングします。

c) 箱おろし器を使用して、ジャガイモを千切りにし、脇に置きます。大きなフライパンにオリーブオイルを入れ、中火で加熱します。塩 小さじ1/8、コショウ 小さじ1/8、角切りのサツマイモ

d) ジャガイモを柔らかくなるまで約5〜6分間調理します。火から下ろし、十分に冷めるまで置いておきます。

e) 各マフィンカップに、調理したジャガイモ1/4カップを入れます。マフィンカップの底と側面をしっかりと押します。

f) ジャガイモにクッキングスプレーを塗り、5〜10分間、または側面が軽く焼き色がつくまで焼きます。

g) サツマイモの巣ごとに卵を割り、残りの小さじ1/8の塩と小さじ1/8のコショウで味付けします。

h) 15〜18分間、または卵白と卵黄が好みの焼き加減になるまで焼きます。

i) 鍋から取り出す前に、5分間放置して冷まします。サービスして楽しんでください！

19.　　　　フェタチーズと野菜のフリッタータ

収量：8食分

材料：

- オリーブオイル 大さじ1
- 小さな黄玉ねぎ 1 個（みじん切り）
- ニンニク 2片（みじん切り）
- リボン状に切ったスイスチャード 4カップ
- 大きめの卵 8個
- 黒コショウ 小さじ1/4
- 減脂肪フェタチーズ、砕いた1/2カップ
- 新鮮なパセリのみじん切り 大さじ2

方向：

a) オーブンを華氏350度に予熱します。

b) 中火〜強火で、オーブン対応の大きなフライパンを加熱します。玉ねぎを3〜4分間、または柔らかくなるまで炒めます。

c) さらに3〜4分間、またはスイスチャードがしおれるまで調理します。

d) その間に、大きな混合洗面器で卵と黒コショウを一緒に泡立てます。

e) 緑と玉ねぎの混合物を卵と混合洗面器で混ぜます。フェタチーズを卵混合物に入れます。

f) 卵混合物をオーブン対応のフライパンに戻し、フリッタータがくっつかないようにかき混ぜます。

g) オーブンを350°Fに予熱し、フライパンを15〜18分間、または卵が固まるまで焼きます。

h) オーブンから取り出し、パセリのみじん切りを散らし、5分ほど置いてから8等分に切ります。サービスして楽しんでください！

20.　　　ピリッとした悪魔の卵

収量：6食分

材料：

- 大きめの卵 6個
- アボカド 1個 （半分に切り、種を取り除いたもの）
- プレーン無脂肪ギリシャヨーグルト 1/3カップ
- レモンの皮と果汁 1個分
- ディジョンマスタード 大さじ1
- 黒コショウ 小さじ1/4
- みじん切りにしたチャイブ 大さじ1

方向：

a) 大きな鍋に卵を割り入れ、冷水を注ぎます。

b) 沸騰したら火から下ろします。卵が鍋の水に浸るまで**15分間**待ちます。

c) 卵を取り出し、脇に置いて冷まします。卵の皮をむき、縦半分に切ります。

d) フードプロセッサーで卵黄3個を混ぜます。残った卵黄は別の目的に保存するか、廃棄してください。

e) フードプロセッサーで、アボカド、ギリシャヨーグルト、レモンの皮と果汁、ディジョンマスタード、黒胡椒を卵黄と混ぜ合わせます。完全に滑らかになるまですべてを混ぜ合わせます。

f) 卵白を皿に置き、卵黄を混ぜたものをジップ付き袋に入れます。底の角の1つを切り取って、卵黄混合物を卵白に絞ります。

g) 刻んだチャイブをデビルエッグの上に振りかけます。サービスして楽しんでください！

21.　　　かぼちゃのトッピングパンケーキ

収量：12食分

材料：

- 無脂肪牛乳 1 1/2 カップ
- かぼちゃピューレ缶詰 1カップ
- 卵1個
- ブラウンシュガー 大さじ5（分けて）
- 植物油 大さじ2
- バニラエッセンス 小さじ1
- 全粒粉 1カップ
- 中力粉 1カップ
- ベーキングパウダー 大さじ2
- シナモン 小さじ1 1/2（割る）
- オールスパイス 小さじ1
- ナツメグ 小さじ1/2
- 塩 小さじ1/4
- 皮をむいて角切りにしたリンゴ 3個

方向：

a) 牛乳、かぼちゃ、卵、ブラウンシュガー大さじ3、油、バニラを大きな混合洗面器に入れて混ぜます。

b) 小麦粉、中力粉、ベーキングパウダー、シナモン小さじ1、オールスパイス、ナツメグ、塩を別の洗面器に入れて混ぜます。

c) かぼちゃの混合物を乾燥した材料に加えて混ぜます。混ぜすぎないように注意して、ちょうど溶けるまで混ぜます。

d) 小さな鍋に水大さじ3を入れて中火にかけます。角切りにしたリンゴに、残りの大さじ2杯のブラウンシュガーと小さじ1/2杯のシナモンを加えます。8〜12分間、またはリンゴが柔らかくなるまで加熱します。

e) リンゴを火から下ろし、ポテトマッシャーまたはフォークで塊状のアップルソースが形成されるまでマッシュします。方程式から削除します。

f) その間に、焦げ付き防止のフライパンまたはグリルにクッキングスプレーを塗り、中火〜強火で加熱します。

g) 準備したパンまたは鉄板に、パンケーキあたり 1/4 カップのパンケーキ生地を注ぎます。

h) パンケーキは片面2〜3分、またはきつね色になるまで焼きます。

i) リンゴの煮物を添えてお召し上がりください。

22.　　　にんじんとじゃが芋のパンケーキ

収量：6食分

材料：

- 皮をむいた大きめのラセットポテト 2個
- 皮をむいた大きなニンジン 2 本
- 小さな黄玉ねぎ 1 個（皮をむく）
- 卵白 4個（溶きほぐす）
- 中力粉 大さじ3
- ベーキングパウダー 小さじ1
- こびりつきにくいクッキングスプレー
- 無糖アップルソース 3/4 カップ（オプション）

方向：

a) 箱おろし器の大きい面を使って、皮をむいたジャガイモ、ニンジン、タマネギをおろす。

b) シンクの上でペーパータオルを使って、すりおろした野菜から余分な水分を絞ります。

c) 大きな混合洗面器で、水気を切った野菜を混ぜ合わせます。

d) ジャガイモの混合物を溶いた卵白と混ぜ合わせます。

e) 小麦粉、ベーキングパウダー、塩をジャガイモの混合物と混ぜ合わせます。

f) テフロン加工のフライパンにクッキングスプレーをスプレーし、中火で加熱します。

g) 1/4カップのジャガイモ混合物を鉄板の上に落とし、各パンケーキの間に1インチの隙間を作ります。オーブンで3分

h) ひっくり返して反対側も3分ほど、またはきつね色になるまで焼きます。残りのジャガイモ混合物でも同じことを繰り返します。

i) 仕える。

23. ブレックファストハッシュカップ

一人前: 12

材料：

- クッキングスプレー
- 解凍した冷凍ハッシュブラウン 3カップ
- ターキーベーコン 5枚
- 低コレステロール卵代替品 1 1/2カップ
- 減脂肪シュレッドチェダーチーズ 1カップ
- 無脂肪マーガリン 大さじ3
- みじん切り玉ねぎ 1/4カップ
- みじん切りピーマン 黒コショウ 1/4カップ

方向

a) オーブンを華氏400度に予熱します。ハッシュブラウンは使用する前に室温に戻してください。マフィン型にクッキングスプレーを用意します。

b) ベーコンを用意します。お召し上がりになる前に冷ましてください。

c) ハッシュブラウン、塩、コショウを一緒に混ぜます。マフィンカップ 12 個（均等に分割）

d) 400度で15分間、または軽く茶色になるまで焼きます。オーブンから皿を取り出します。

e) その間に、卵、チーズ、玉ねぎ、ピーマンを混ぜ合わせます。

f) ベーコンを切り、マフィンカップに入ったハッシュブラウン生地の上に重ねます。

g) 卵混合物をマフィンカップに均等にスプーンで入れます。オーブンを350°Fに予熱し、13〜15分間焼きます。仕える。

24.　　　チーズ野菜のフリッタータ

一人前: 6人分

材料：

- 大きめの卵 6個
- 全粒粉 大さじ2
- 黒コショウ 小さじ1
- 中くらいの玉ねぎ 1 個、1/2 インチの大きさに切ります
- 生または冷凍ほうれん草 1カップ（1/2インチの大きさに切る）
- 赤および/または緑のピーマン 1 カップ、1/2 インチの大きさに切る
- スライスした新鮮なキノコ 1カップ
- ニンニク 1片（みじん切り）
- 新鮮なバジルの葉 大さじ2
- 部分脱脂モッツァレラチーズ、細切り 1/3カップ
- クッキングスプレー

方向

a) オーブン（通常のオーブンまたはトースターオーブン）を予熱して焼きます。

b) 大きな混合洗面器で卵を泡立て、全粒粉、黒コショウ、ベーキングパウダーを加えます。

c) オーブン対応ハンドル付きの重いフライパンにクッキングスプレーを塗り、中火で加熱します。

d) 玉ねぎを加えて柔らかくなるまで炒め、ほうれん草、ピーマン、キノコを加えてさらに2～3分間煮続けます。

e) にんにく、バジルを加えて1分ほど煮ます。焦げないように、常にかき混ぜてください。

f) 卵液を鍋に注ぎ、野菜を加えて混ぜます。

g) 5～6分間、または卵混合物が底に固まり、上にも固まり始めるまで調理します。

h) シュレッドチーズを加え、オーブンで焦げないようにスプーンの背で卵の下にそっと押し込みます。

i) オーブンを予熱し、3～4分間、または黄金色でふわふわになるまで焼きます。

j) 型から取り出し、6等分に切ります。

25. 黒豆ブラウニーバイツ

収量：16食分

材料：

- 低ナトリウム黒豆 3/4 カップ（水切り）
- 無糖アップルソース 1/4カップ
- キャノーラ油 1/4カップ
- 大きめの卵白 2個
- 1つの大きい卵
- パック入りブラウンシュガー 1/2カップ
- バニラエッセンス 小さじ1
- 無糖ココアパウダー 1/4カップ
- 全粒小麦粉 1/3カップ
- ベーキングパウダー 小さじ1/2
- 塩 小さじ1/2
- セミスイートチョコレートチップ 1/2カップ

方向：

a) オーブンを華氏350度に予熱します。

b) 黒豆、アップルソース、キャノーラ油をブレンダーで滑らかになるまで混ぜます。大きなミキシングボウルに卵白、卵、砂糖、バニラを加えて泡立て器で混ぜます。

c) ココアパウダー、小麦粉、ベーキングパウダー、塩を別の洗面器で混ぜ合わせます。

d) 小麦粉混合物を黒豆混合物に加え、生地が滑らかになるまで泡立てます。チョコレートチャンクは折り畳む必要があります。

e) オーブンを350°Fに予熱し、20〜25分間、または中央に挿入したナイフがきれいになるまで焼きます。

f) 完全に冷めてから16等分に切ってお召し上がりください。

26. フィレンツェのサツマイモ

収量：4食分

材料：

- サツマイモ中サイズ 4個
- ほうれん草 10オンス パッケージ 2個
- オリーブオイル 大さじ1
- エシャロット 1個 （みじん切り）
- ニンニク 2片 （みじん切り）
- サンドライトマト 6個 （角切り）
- 塩 小さじ1/4
- 黒コショウ 小さじ1/4
- 赤唐辛子フレーク 小さじ1/4
- パートスキムリコッタチーズ 1/2カップ

方向：

a) オーブンを華氏400度に予熱します。

b) さつまいもをフォークで刺した後、用意しておいた天板に置きます。

c) 45〜60分間、またはジャガイモが調理されるまで焼きます。冷却する時間を待ちます。

d) ジャガイモをナイフで真ん中に沿って切り、フォークでジャガイモの果肉をほぐして脇に置きます。

e) 大きなソテーパンに油を中火で熱します。2〜3分間、またはエシャロットが柔らかくなるまで調理します。

f) さらに30秒間、またはニンニクの香りが立つまで調理します。

g) 大きなミキシングボウルに、水気を切ったほうれん草、トマト、塩、黒胡椒、赤唐辛子のフレークを入れて混ぜます。さらに2分間調理します。

h) 火から下ろし、冷ますために置いておきます。

i) リコッタチーズをほうれん草の混合物に加えます。

j) ほうれん草の混合物を分割したサツマイモの上に盛り付けます。楽しむ！

27.　　　キャロットマフィントップ

収量：24食分

材料：

- オールドファッションオーツ 2 1/4カップ
- 全粒小麦粉 1カップ
- 亜麻仁粉末 1/2カップ
- シナモン 小さじ2
- ナツメグ 小さじ1/2
- 重曹 小さじ1/2
- 塩 小さじ1/2
- 無糖アップルソース 1カップ
- 蜂蜜またはピュアメープルシロップ 1/2カップ
- 1つの大きい卵
- バニラエッセンス 小さじ2
- 溶かした無塩バター 1/4 カップ
- にんじん中2本（すりおろし）
- すりおろした大きめのリンゴ 1 個

方向：

a) オーブンを華氏350度に予熱します。

b) 2つのベーキングパンにクッキングシートを敷きます。

c) オーツ麦、小麦粉、亜麻仁、シナモン、ナツメグ、重曹、塩を大きな混合皿に入れて混ぜます。

d) アップルソース、蜂蜜、卵、バニラエッセンスを中程度の混合洗面器に入れて混ぜます。バターを溶かし、混合物に加えます。

e) 湿った成分と乾燥した成分を一緒にかき混ぜて混ぜ合わせます。大きめのミキシングボウルに、すりおろしたニンジンとリンゴを入れて混ぜます。

f) 用意しておいたベーキングシートの上に生地をすくい、1/4カップのメジャーで平らにします。

g) 14〜15分間、または軽く茶色になり固まるまで焼きます。お召し上がりになる前に冷ましてください。

28. ミニチュアピーカンタルト

収量：15食分

材料：

- 溶かしたバター 大さじ1
- 1つの大きい卵
- ブラウンシュガー 小さじ4
- 蜂蜜 大さじ2
- バニラエッセンス 小さじ1/4
- ピーカンナッツ 1/2カップ （みじん切り）
- ミニフィロシェル 15個

方向：

a) オーブンを華氏350度に予熱します。

b) 中程度の混合洗面器に、ピーカンナッツとフィロの殻を除くすべての材料を加え、よく混ぜます。刻んだピーカンナッツを加え、よく混ぜます。

c) 小さなパイの皮をベーキングシートの上に均等な層で置きます。各シェルにピーカンナッツ混合物を半分まで満たします。混合物が残っている場合は、すべてのシェルに均等に分配します。

d) 10〜15分間焼きます。お召し上がりになる前に冷ましてください。

29.   ココアヘアケーキ

一人前: 12

材料：

- ふるいにかけた小麦粉 3/4カップ
- ココア 1/4カップ
- 砂糖 1/4カップ
- 卵白 10個
- タルタルクリーム 小さじ1
- 砂糖 1カップ

方向

a) オーブンを華氏350度に予熱します。

b) 小麦粉、ココア、砂糖14カップを一緒にふるいにかけます。

c) 別のボウルに卵白を入れて泡立てます。タルタルクリームを硬くなるまで泡立てますが、乾燥しないようにします。一度に大さじ1杯、砂糖のカップに混ぜます。

d) バニラエッセンスを加えて混ぜます。ふるいにかけた少量の小麦粉混合物を生地の上に混ぜます。小麦粉混合物がすべて使用されるまで繰り返します。

e) 油を塗っていない9インチのチューブパンに生地を注ぎ、45分間焼きます。

f) 冷却するには、オーブンから取り出した後、型を逆さまにし、ケーキを逆さまにして約 12 時間吊るします。

30.　　　カッテージチーズのチーズケーキ

一人前: 8

材料地殻用

- ハードマーガリン 1/4カップ
- 低脂肪グラハムクラッカークラム 1カップ
- 白砂糖 大さじ2
- シナモン 大さじ1/4

ケーキの材料

- 低脂肪カッテージチーズ（ピューレ状） 2カップ
- 卵 2個
- 中力粉 大さじ3
- バニラエッセンス 小さじ1
- 白砂糖 2/3カップ または シュガーブレンド 1/3カップ

方向

a) オーブンを華氏325度に予熱します。

b) バターを溶かします。グラハムクラッカーの粉、砂糖、シナモンをミキシングボウルに入れて混ぜます。10インチのバネ状の型に生地を半分まで入れます。

c) カッテージチーズをフードプロセッサーで混ぜます。

d) 牛乳、卵、小麦粉、バニラ、砂糖をよく混ざるまで混ぜます。混合物をパイ生地に注ぎます。

e) オーブンで60分間焼きます。お召し上がりになる前に完全に冷ましてください。

31. マイクログリーンのぬいぐるみエッグ

9人分

材料

- 卵 9個
- マヨネーズ 1/4カップ
- 豆腐 大さじ2
- 塩をひとつまみ
- みじん切り大根マイクログリーン 大さじ2
- 準備されたマスタード 小さじ3
- 新鮮な大根のスライス 2 枚（オプション）

方向

- 卵を固ゆでして完成するまで - 9〜11分
- 卵の皮をむき、慎重に半分に切ります。
- 中心の黄色い部分を取り除き、小さなボウルに入れます。残りの材料（千切り大根を除く）を加えてよく混ぜます。
- スプーンで具材を卵に戻し、新鮮な大根のスライスとマイクログリーンの小枝を数本乗せます。

32. ピーシュートのパンケーキ

材料

- 大きな有機卵 3 個
- カッテージチーズ 1カップ
- エクストラバージンオリーブオイル 大さじ2
- ひよこ豆（ひよこ豆）粉 1/2カップ
- ニンニク 1片（みじん切り）
- レモンの皮 小さじ2
- 塩 小さじ1/2
- 刻んだエンドウ豆の芽 1カップ
- みじん切りチャイブ 大さじ3

方向

a) フードプロセッサーまたはブレンダーで、卵、カッテージチーズ、油、小麦粉、ニンニク、レモンの皮、塩を混ぜ合わせます。豆苗とチャイブの豆類。

b) 軽く油を塗ったフライパンを中火で加熱します。

c) バッチで作業し、一度に1/4カップの生地をパンに加え、上部に泡が形成されるまで約2〜3分間パンケーキを調理します。

d) ひっくり返して、パンケーキの底が茶色になり、中心がちょうど火が通るまで、約1分長く焼きます。

e) 残りの生地を準備している間、パンケーキを金属ラックの上で冷まします。

33.　　卵白とマイクログリーンのオムレツ

材料

- 卵白 2個
- 塩とコショウをひとつまみ
- 牛乳 小さじ2
- クッキングスプレー

方向

a) 卵白2個と牛乳小さじ2を合わせて泡立てます。

b) 混合物をフライパンに加え、クッキングスプレーを軽く塗り、中火から弱火で調理します。

c) 卵に塩、こしょうを加えて炒め、底に火が通ったらひっくり返します。

d) 反対側も焼き終えたら、お皿に移し、スライスしたアボカド、砕いたヤギチーズ、新鮮なマイクログリーンを詰めて半分に折ります。

34.　ピノン（牛プランテンのオムレツ）

収量: 4回分

材料
- 3 非常に熟したプランテン
- フライ用油
- 玉ねぎ1個。みじん切り
- ピーマン 1/2個; みじん切り
- ニンニク 2片
- 牛ひき肉 1/2ポンド（通常は省略します）
- トマトソース 1/4カップ
- ケッパー 大さじ1
- グリーンオリーブのスライス 大さじ1（お好みで）
- 塩とコショウ
- インゲン 1/2ポンド; 生または冷凍、3インチの小片にカット
- 卵 6 個
- バター 1/4カップ

方向
a) プランテンの皮をむき、2インチの厚さの縦のスライスに切り、油できつね色になるまで揚げます。取り出して水気を切り、保温しておきます。フライパンで玉ねぎ、ピーマン、ニンニクを茶色にならない程度に柔らかくなるまで炒めます。

b) 牛ひき肉を加えて強火で3分ほど炒めます。トマトソースを注ぎ、お好みでケッパーやオリーブを加えます。時々混ぜながら中火で15分煮ます。塩とコショウで味を調えます。インゲンを洗い、柔らかくなるまで蒸します。卵を溶き、塩、コショウを加えて味を調えます。

c) 丸いキャセロールの側面と底にバターを塗り、底に残ったバターを溶かします

。溶き卵の半分を注ぎ、中火で約1分間または少し固まるまで煮ます。卵をオオバコのスライスの3分の1で覆い、続いてひき肉の半分とインゲンの半分を重ねます。プランテンの別の層、牛ひき肉の残りの部分、豆の別の層を追加し、その上にプランテンを置きます。残りの溶き卵を上から注ぎます。オムレツが焦げないように注意しながら、蓋をせずに弱火で15分間煮ます。

d) 次に、350度に予熱したオーブンに10〜15分間入れて、表面に焼き色を付けます。

e) ご飯や豆と一緒にお召し上がりください。ランチに最適です。

35. プエルトリコのライスミールパン

収量: バンズ 24 個

材料

- 牛乳 2カップ
- バター 2オンス
- 塩 小さじ3/4
- 極細米粉 2カップ
- ベーキングパウダー 小さじ2
- 卵 3 個
- マイルドなホワイトチーズ 1/2ポンド
- 揚げ物用ラードまたは植物油

方向

a) 鍋にAの材料を入れて火にかけ、沸騰したら火から下ろします。

b) 米粉とベーキングパウダーを合わせて鍋の中身と混ぜます。卵を1つずつ加えて混ぜます。

c) 混合物がソースパンの側面と底から分離するまで、木のスプーンで絶えずかき混ぜながら、中火で調理します。

d) 暑さから削除。チーズをフォークで潰して加えます。十分に混ぜ合わせてください。

e) 混合物を375°Fに加熱した脂肪の中にスプーン一杯ずつ茶色になるまで滴下します。取り出して吸収紙の上で水気を切ります。

36. フラン・デ・ケソ・デ・プエルトリコ

収量: 4回分

材料
- 大きな卵 4個
- コンデンスミルク 1 缶 (14 オンス)。甘くなった
- エバミルク 1 缶 (12 オンス)
- 6オンスのクリームチーズ
- バニラエキス 小さじ1

方向
a) 卵、牛乳、バニラを混ぜ合わせます。
b) クリームチーズを柔らかくし、他の材料と混ぜ合わせます。クリームチーズを混ぜすぎるとフランにエアポケットができてしまうので注意してください。
c) キャラメルを準備するには、砂糖1/2カップを弱火で砂糖が液化するまで煮ます。これを行うには金属製の容器を使用してください。
d) 底を覆うくらいの量のキャラメルを鍋/ラメキンに入れます。
e) 砂糖が固まったら、手順1と2で作った生地をフライパン/ラメキンに注ぎます。
f) パン/ラメキンを湯煎に置きます。材料を入れた鍋/ラメキンは水に3/4浸す必要があります。
g) 華氏325度で約30分焼きます。フランにナイフやつまようじを差し込んできれいになったら完成です。

37. プエルトリコのミートローフ

収量: 1 回分

材料
- ひき肉 1ポンド
- 卵1個
- 玉ねぎのみじん切り（小1個）
- ガーリックソルト
- パセリ
- パン粉 1/2カップ
- 牛乳 1/2カップ
- マスタード 大さじ1
- ビーフブイヨンキューブ 2個
- ウスターソース 大さじ1
- にんじん 5本（縦長）
- トマトジュース 1缶
- ジャガイモ 中2個

方向

a) ひき肉、卵、玉ねぎ、ガーリックソルト、パレー、パン粉、牛乳、マスタードをしっかり混ぜ合わせます。

b) 味付けした小麦粉にパプリカ、塩、コショウを加えて巻きます。電気フライパンで両面に焼き色をつける。ブイヨンキューブ、ウスターソース、ニンジン、トマトジュース、ジャガイモを加えます。

c) 肉をかぶせて約1時間15分、またはよく火が通るまで煮ます。

38.　アボカドの燻製魚詰め

収量: 4 回分

材料

- ゆで卵 4個
- 牛乳 1/4カップ
- 濾したフレッシュライムジュース 1/4カップ
- 砂糖 小さじ1/4
- 塩 小さじ1/2
- 植物油 1/3カップ
- オリーブオイル 大さじ2
- 1/2ポンドの白身魚のスモーク
- 大きく熟したアボカド 2個
- 新鮮な赤ピーマン 12片

方向

a) 深いボウルに卵黄と牛乳を入れ、スプーンまたはテーブルフォークで滑らか
なペーストになるまで混ぜます。ライム果汁大さじ1、砂糖、塩を加えます。

b) 次に、植物油を一度に小さじ1杯ほど加えて混ぜます。さらに追加する前
に、各添加物が吸収されていることを確認してください。オリーブオイルを小
さじ一杯ずつ加え、絶えず混ぜます。残りのライム果汁をソースに加えて混
ぜ、味を調えます。

c) 魚をボウルに入れ、フォークで細かくほぐします。刻んだ卵白とソースを加え
、優しくしっかりと混ぜ合わせます。

d) 半分に切ったアボカドに魚の混合物をスプーンで入れます

39. スモークサーモンを添えた焼き卵

収量：2回分

材料

- バター 大さじ2
- 柔らかいパン粉 大さじ3
- 卵2個
- ニンニク 1片; みじん切りにした
- クリームチーズ 2オンス
- スモークサーモン 2オンス; スライスされた
- 2オンスのシャープなチェダーチーズ。すりおろし
- トマト 1個; 厚切り

方向

a) バターキャセロール。それぞれの底と側面に小さじ2〜3のパン粉を押します。残りのパン粉をバター1リットルとブレンドし、取っておきます。各皿に卵を割り入れます。ニンニクをクリームチーズとマッシュし、卵の上にそっと置きます。スモークサーモンを加え、必要に応じて長いストリップを折ります。

b) サーモンの上にすりおろしたチェダーチーズを振りかけます。各皿に太ったトマトのスライスを1枚ずつ置きます。各皿の上にパン粉の半分を砕き、350度のオーブンで8〜15分間焼き、次に表面が茶色になりわずかにカリカリになるまで2〜3分間焼きます。すぐにお召し上がりください。

40.　　ポーチドエッグとスモークサーモン

収量: 4 回分

材料

- サワークリーム 1/2カップ
- みじん切りにしたチャイブ 大さじ3
- 白ワイン 大さじ2
- 塩; 味わう
- 挽きたての黒コショウ; 味わう
- 大きな卵 4個
- 焼きたての大きなジャガイモ 4個
- 4オンスのスモークサーモン。千切り
- みじん切りにしたチャイブ 1本
- 細かく刻んだ赤玉ねぎキャビア 1個

方向

a) 小さなボウルにサワークリーム、チャイブ、白ワインを入れて混ぜます。塩とコショウで味を調えます。脇に置いておきましょう。浅い鍋またはフライパンに2インチの冷水と酢を入れ、中火で沸騰させます。

b) 水が軽く沸騰するまで火を弱めます。卵を一度に1つずつラミキンまたはコーヒーカップに割ります。ラミキンをできるだけ水に近づけて、卵を静かに水の中に滑り込ませます。ポーチドエッグは、非常に柔らかく調理される場合は3 分、中程度の柔らかさになる場合は 5 分です。

c) 穴あきスプーンを使って卵をすくい出します。必要に応じて、ペーパータオルで軽くたたいて乾燥させます。ベイクドポテトの上部を切り開き、絞ります。その上に卵を乗せ、サーモンのストリップを十字に並べます。スクイズボトルまたは小さじを使用して、サワークリームソースをサーモンの上とジャガイモの周りに注ぎます。

d) チャイブ、玉ねぎ、キャビアを飾り付けて、すぐにお召し上がりください。

41.　保存卵黄

材料

- 砂糖 1と1/2カップ
- コーシャーソルト 1と1/2カップ
- 卵 8個

方向

a) 8インチの正方形の鍋または卵黄8個が入る大きさの容器の底で、砂糖1カップと塩1カップを触れずに混ぜ合わせます。

b) スープスプーンの背を使って、塩と砂糖の硬化物に等間隔で 8 つのくぼみを作ります。あまり深く掘り下げないでください。黄身の底のすべての部分が砂糖と塩に触れるようにする必要があります。

c) 別の皿に卵1個を取り分けます。卵黄をくぼみの1つに慎重に移し、卵白は別の用途に取っておきます。残りの卵も同様に、一度に 1 つずつ加えます。誤って黄身が割れてしまっても問題ありませんが、そのままの状態で保存するのが最善です。

d) 残りの砂糖1/2カップと塩1/2カップを卵黄の上にそっと注ぎ、小さな山を作ります。卵黄が完全に覆われるようにしてください。

e) 皿や容器をしっかりとした蓋やラップで覆います。慎重に冷蔵庫に移し、黄身が固まるまで4日間待ちます。

f) ベーキングシートの上にワイヤーラックを置きます。卵黄をラックに置き、パンをオーブンにスライドさせます。35分間乾燥させて硬化を完了させます。これで卵黄を使用する準備が整いました。

42.　塩漬け卵

材料

- 卵 6個
- コーシャーソルト $\frac{3}{4}$ カップ
- 水3カップ

方向

a) 蓋付きの 3 クォート (またはそれ以上) の容器を、直射日光を避け、涼しく邪魔にならない安定した場所に置きます。途中で割らないように注意しながら、全卵を容器の中に慎重に入れます。

b) ピッチャーに塩と水を入れ、白濁した塩水になるまでかき混ぜます。塩水を卵の上にそっと注ぎ、卵を完全に覆います。

c) 卵を塩水の中に少なくとも5週間放置します。12週間経つと塩辛すぎて楽しめなくなります。卵に見た目の変化はありません。

d) 卵を調理するには、コンロの上に小さな鍋を置きます。卵を塩水からそっと取り出し、慎重に鍋の底に置きます。

e) 卵を完全に覆うように、新鮮な水をピッチャーに注ぎます。鍋に蓋をし、水が急速に沸騰するまで強火で煮ます。火を止めて蓋をしたまま、タイマーを6分にセットします。

f) 時間が来たら、すぐに卵の水を切り、扱える程度に冷たくなるまで冷水にさらします。すぐにお使いいただくか、冷蔵庫で最長 1 週間お使いください。

g) 召し上がる際は、卵を優しく転がして殻を全体に割ってください。卵の皮をむきます。白身は固まっていますが柔らかく、黄身は非常にしっかりしていて明るいです。卵は丸ごと食べるか、縦半分に割るか、刻んでお召し上がりください。

43.   スモーキー醤油卵

材料

- 卵 6個
- 水 1と1/2カップ
- 醤油 1カップ
- 米酢 大さじ2
- 砂糖 大さじ2
- ラプサン スチョン ティー 小さじ 4 杯、取り出しやすいようにティーバッグまたはティーボールに入れる

方向

1. 中型の鍋に卵を慎重に一層に置き、2インチの水で覆います。鍋に蓋をし、水が急速に沸騰するまで強火で煮ます。火を止めて蓋をしたまま、タイマーを6分にセットします。時間が来たら、すぐに卵の水を切り、扱える程度に冷たくなるまで冷水にさらします。

2. 戻る鍋をコンロに移し、水、醤油、酢、砂糖、お茶を加えます。この塩水を沸騰させ、かき混ぜて砂糖を溶かします。火を止め、塩水を蓋をして保温します。

3. その間、卵の殻を割って霜降り卵を作るか、完全に皮をむくと滑らかな外観と醤油の風味が増します。卵の殻を割るには、卵の上下をカウンタートップにそっと叩きつけ、側面に沿って転がします。卵を完全にむく場合、最良の結果を得るには、殻の下に小さなスペースがあることに気づく、大きな丸い上部から卵をむき始めます。

4. 割れた卵または皮をむいた卵を1.5クォートの缶詰瓶に入れます。お茶を捨て、卵が完全に浸るまで塩水を注ぎます。卵が浮いている場合は、水を満たした小さなジップロックの袋で卵を重しにします。

5. 卵を覆い、少なくとも6時間冷蔵庫で冷やし、塩水の風味を馴染ませます。

44. カレー漬け卵

材料

- 卵 6個
- クミンシード 大さじ2
- コリアンダー 小さじ2
- 水 1と1/2カップ
- リンゴ酢 1カップ
- にんにく 3片（潰して皮をむく）
- 新生姜の薄切り 3枚
- ターメリック粉末 小さじ2
- 黒コショウ 小さじ2
- コーシャーソルト 小さじ2

方向

a) 中型の鍋に卵を慎重に一層に置き、2インチの水で覆います。鍋に蓋をし、水が急速に沸騰するまで強火で煮ます。火を止めて蓋をしたまま、タイマーを6分にセットします。

b) クミンとコリアンダーを加え、香りが立つまで頻繁にかき混ぜながら中火で約2分半トーストします。すぐに1と1/2カップの水を加えて調理を止め、酢、ニンニク、生姜、ターメリック、胡椒、塩を加えます。火を強火にして塩水を沸騰させます。

c) その間に、卵の殻の上下をカウンタートップに軽く叩きつけて割り、側面に沿って転がします。

d) 皮をむいた卵を1.5クォートの缶詰瓶に入れます。塩水を（固形物を含む）卵の上に注ぎ、卵を塩水に浸します。

e) 卵を蓋をして冷凍します塩水の風味を染み込ませるために少なくとも4日間置きます。

45. ビーツの卵のピクルス

材料

- 卵 6個
- 皮をむき、四つ切りにした非常に小さな赤ビート 1 個
- ニンニク 1片 （潰して皮をむく）
- 砂糖 小さじ2
- コーシャーソルト 小さじ2
- 黒コショウ 小さじ1
- セロリの種 小さじ1/2
- ディルシード 小さじ1/2
- 赤唐辛子フレーク 小さじ1/4 （お好みで）
- クローブ丸ごと2個
- 小さな月桂樹の葉 1枚
- 水 1と1/2カップ
- リンゴ酢 3/4カップ

方向

a) 中型の鍋に卵を慎重に一層に置き、2インチの水で覆います。鍋に蓋をし、水が急速に沸騰するまで強火で煮ます。火を止めて蓋をしたまま、タイマーを6分にセットします。

b) 鍋にビート、ニンニク、砂糖、塩、コショウの実、セロリシード、ディルシード、ペッパーフレーク、クローブ、月桂樹の葉、水、酢を入れて強火で混ぜます。この塩水を沸騰させ、かき混ぜて砂糖と塩を溶かします。

c) その間に、卵の殻の上下をカウンタートップにそっと叩きつけて割り、側面に沿って転がします。

d) 皮をむいた卵を1.5クォートの缶詰瓶に入れます。温かい塩水を卵の上に注ぎます

46. スモークターキー入りコーンマフィン

収量: 36 食分

材料

- イエローコーンミール 1と1/2カップ
- 小麦粉 1カップ （ふるいにかけた中力粉）
- 砂糖 1/3カップ
- ベーキングパウダー 大さじ1
- 塩 小さじ1
- 牛乳 1と1/2カップ
- 溶かしたバター 3/4 カップ
- 卵 2 個 （軽く溶きほぐす）
- スモーク七面鳥の胸肉 1/2 ポンド （薄くスライス）
- クランベリーレリッシュまたはハニーマスタード 1/2カップ

方向

a) オーブンを400度に予熱します。バター入りのミニマフィン缶。大きなボウル
にコーンミール、小麦粉、砂糖、ベーキングパウダー、塩を入れて混ぜます。
中くらいのボウルに牛乳、バター、卵を入れて混ぜます。ミルク混合物をコ
ーンミール混合物にちょうど湿るまでかき混ぜます。スプーンで生地をミニマフ
ィン型に入れます。

b) きつね色になるまで14〜16分間焼きます。ワイヤーラックの上で5分間冷
まします。鍋から取り出し、完全に冷まします。

47. スモークサーモンとポテトのパンケーキ

収量：2回分

材料

- マッシュポテト 150グラム
- 小麦粉 15ミリリットル
- 牛乳 30ミリリットル
- 溶き卵 2個
- 塩と挽きたての黒胡椒
- サラダ玉ねぎ1個。みじん切り
- スモークサーモンの切り身 100グラム
- オリーブオイル 大さじ1
- 軽くスモークしたサーモンフィレ 225グラム
- ポーチドエッグ 2個

方向

a) ジャガイモ、小麦粉、牛乳、卵、調味料を混ぜて滑らかな生地を作ります。

b) 玉ねぎとサーモンの切り身を加えて混ぜます。

c) フライパンを熱し、油を少々入れ、大さじ一杯の混ぜ合わせたものを入れます。この混合物で直径 8cm (3 インチ) のパンケーキを約 6 〜 8 枚作ります。

d) 中火で片面1〜2分、またはきつね色になるまで焼きます。脇に置いて保温してください。

e) フライパンにオリーブオイルを入れて熱し、軽くスモークした鮭の切り身を加えて片面1分ずつ焼きます。

48. スモークサーモンとフェタチーズのオーブン焼き

収量：2回分

材料

- 角切りにしたスモークサーモン 3オンス
- 6オンスのクリームチーズ（柔らかくしたもの）
- 3オンスのフェタチーズ
- 卵 1 個（軽く溶きほぐす）
- ケイパー 小さじ1
- パセリのみじん切り 大さじ2
- ねぎ 4本（トッピング、さいの目切り）
- ケシの実 大さじ1

方向

a) 3インチ x 8インチの長方形に切った冷凍パイシート1枚と、溶かしたバターも必要です。オーブンを375度に予熱します。中くらいのボウルにサーモン、クリームチーズ、フェタチーズ、卵、ケッパー、パセリ、ネギを手で混ぜます。パイシートを2倍の大きさに伸ばします。

b) 溶かしたバターをたっぷりと刷毛で塗ります。サーモン混合物をシートの上に広げます。ゼリーロールスタイルで巻き上げ、端を折り込んで密閉します。ロールの上部に溶かしバターを塗り、ケシの実を散らします。蒸気を逃がすために、ロール全体に1/2インチの深さの斜めの切り込みを入れます。ロールを20〜30分間、または黄金色になるまで焼きます。温かいうちにお召し上がりください。

49. スモークサーモンのチーズケーキ

収量: 1 回分

材料

- 12オンスのクリームチーズ（柔らかくしたもの）
- 1/2ポンド スモークサーモンまたはロックス
- 卵 3 個
- エシャロット 1/2個（みじん切り）
- 生クリーム 大さじ2
- レモン汁 小さじ1と1/2
- 塩ひとつまみ
- 白胡椒ひとつまみ
- グラニュー糖 大さじ2
- プレーンヨーグルト 1/2カップ
- サワークリーム 1/4カップ
- レモン汁 大さじ1
- みじん切りチャイブ 1/4カップ
- 赤ピーマンと黄ピーマンの角切り

方向

a) ミキサー中ボウルにチーズを入れ、非常に柔らかくなるまで泡立てます。フードプロセッサーでサーモンをピューレにしてペーストにします。卵を1つずつ加え、エシャロットを加えます。

b) サーモン混合物をボウルに入れます。クリーム、レモン汁、塩、コショウ、砂糖を混ぜます。よく混ぜます。ホイップクリームチーズを混ぜます。

c) バターを塗った7インチまたは8インチのスプリングフォームパンに注ぎます。満たしたパンを大きめのベーキングパンに置きます。小さめの鍋を1インチの熱湯で囲みます。25〜30分焼きます。

d) その間にソースを作ります。

50.　　　チェダースコーン

収量: 8 回分

材料
- ビスケットミックス 4カップ
- 牛乳 1 1/4カップ
- 卵2個
- バター 1/4 カップ; 溶けた
- 細かく刻んだチェダーチーズ 2 1/2 カップ
- スモークターキー。薄くスライスした

方向
a) ビスケットミックス、牛乳、卵、バター、チーズを混ぜます。成分が湿るまでよく混ぜます。
b) 軽く油を塗った天板に大さじ一杯ずつ落とします。オーブンを400°Fに加熱します。12〜14分間、またはきつね色になるまで焼きます。オーブンから取り出し、少し冷ましてから天板から外します。
c) 召し上がりには、スコーンを半分にスライスし、七面鳥の小さなスライスを詰めます。

51.　　　チャイブポテトのパンケーキ

収量: 6 回分

材料

- ラセットポテト2ポンド。皮をむいて角切りにした
- 玉ねぎ中1個; 細かく切る
- マッツォミール 大さじ2; または中力粉
- 卵2個。別れた
- 新鮮なチャイブ 大さじ4 みじん切り
- 塩 小さじ2
- ホワイトペッパー 小さじ1/2
- コーン油 2/3カップ; 揚げ物用
- 6オンスのスモークサーモン。薄くスライスした
- 3オンスのゴールデンキャビア

方向

a) ジャガイモと玉ねぎをフードプロセッサーでみじん切りにする。作業ボウルの中身を大きなボウルに移します。

b) 中くらいのボウルの上に大きなストレーナーを置きます。ジャガイモとタマネギの混合物をストレーナーに入れ、しっかりと押して液体を抽出します。液体を予備に。

c) ジャガイモの混合物を大きなボウルに戻します。マッツォミール、卵黄、チャイブ大さじ2、塩、コショウを加えて混ぜます。ジャガイモの生地にペーストを加えます。卵白を硬くなるまで泡立てますが、乾燥しないようにします。生地に折ります。

d) 2つの重くて大きなフライパンに1/3カップの油を入れて中強火で加熱します。パンケーキ1枚につき大さじ山盛り1杯のポテトバッターを熱い油に入れます。それぞれを直径3インチに広げます。パンケーキの底が茶色になるまで焼きます。

52. コーンとスモークターキーのプディング

収量: 4 回分

材料

- バター 大さじ2
- 玉ねぎの薄切り 1/2カップ
- 細かくスライスした赤ピーマン 1カップ
- チキンスープに溶かしたコーンスターチ 大さじ1
- ライトクリーム 1カップ
- 卵 4 個（分けておく）
- ディジョンマスタード 小さじ1
- 解凍した冷凍トウモロコシ粒 2カップ
- 細切りスモークターキー 1カップ
- 塩と挽きたての黒コショウ

方向

1. 9インチのフライパンにバターを入れて加熱します。玉ねぎとピーマンを柔らかくなり、玉ねぎが少し茶色になるまで炒めます。

2. 冷めたらこれらをミキシングボウルに移し、コーンスターチ、クリーム、卵黄、マスタードを加えます。よく泡立てて混ぜます。

3. コーンと七面鳥を卵混合物に混ぜます。塩とコショウで味付けします。卵白を固い角が立つまで泡立て、乾燥しないようにし、卵黄混合物に混ぜます。

4. バターを塗ったグラタン皿に移し、35〜40分間、または茶色になって膨らむまで焼きます。

5. スライスした完熟トマトとビネグレットソースを添えてお召し上がりください。

53.　クリーミー スモークサーモンとディルのタルト

収量: 6 回分

材料

- 5 シートフィロ - 解凍済み
- 無塩バター 大さじ3（溶かしたもの）
- 卵黄 大 4個
- ディジョンマスタード 大さじ1 - 小さじ1を加えます
- 大きな卵 3個
- 1カップ ハーフアンドハーフ
- ホイップクリーム 1カップ
- 6オンスのスモークサーモン - みじん切り
- ネギ4本（みじん切り）
- ディル 1/4カップ

方向

1. 直径9-1/2インチの深皿パイ皿にバターをたっぷり塗ります。フィロシート1枚を作業面に置きます。フィロシートにバターを塗り、縦半分に折ります。

2. 折り曲げた表面にバターを刷毛で塗ります。横半分に切ります。用意しておいたパイ皿に、バターを塗った面を下にして1枚のフィロ長方形を置きます。パイ皿のフィロの上にバターを塗ります。2　番目の葉状長方形をパイ皿に置き、底を覆い、ペストリーを端の別の部分に　1/2　インチはみ出させます。バターを刷毛で塗ります。

3. オーブンを350Fに予熱します。卵黄とマスタードを中くらいのボウルで泡立てて混ぜます。卵、半分、半分、クリーム、サーモン、玉ねぎ、刻んだディルを加えて混ぜます。塩、こしょうで味を調えます。準備した生地に注ぎます。

4. 中心が固まるまで約50分焼きます。ラックに移します。いいね。

5. ディルの小枝を飾り、少し温かいか室温でお召し上がりください

54. ラトケス スモークサーモン添え

収量: 1 回分

材料
- 皮をむいたジャガイモ 2ポンド
- 卵1個
- 小麦粉 大さじ2
- 塩 小さじ1/2
- 味に挽いたコショウ
- スモークサーモン、みじん切り 2オンス
- ねぎみじん切り 1カップ
- 植物油 大さじ3
- スモークサーモン ラトケス

方向
1. ジャガイモをすりおろし、手でできるだけ多くの果汁を絞ります。
2. ジャガイモを大きなミキシングボウルに入れ、小麦粉、塩、コショウを加えます。よくかき混ぜ。
3. スモークサーモンとネギを加えて混ぜ合わせます
4. 大さじ1を注ぎます。油を大きめに入れる浅い側面を備えたオーブン対応のグラタン皿。油を底に広げます。
5. 大さじ1杯のジャガイモ混合物を油を塗った皿に1/2インチ離して落とし、少し平らにします。
6. オーブンで約8分間、またはラケが黄金色になるまで焼きます。

55. メープルシナモン オートミールパンケーキ

材料

- オールドファッションロールドオーツ 1と1/2カップ
- 全粒粉 1/2カップ
- 粉末シナモン 小さじ1
- ベーキングパウダー 小さじ1
- 低脂肪バターミルク 2カップ
- メープルシロップ 大さじ2
- 卵1個
- クッキングスプレー

方向

1. 中くらいのミキシングボウルにオーツ麦、小麦粉、シナモン、ベーキングパウダーを入れて混ぜます。

2. 大きなミキシングボウルにバターミルク、メープルシロップ、卵を入れて混ぜ合わせます。

3. 乾燥混合物を湿潤混合物に 2 回または 3 回に分けて加え、それぞれの添加後によく混合します。混合物が泡立つまで、10〜15分間放置します。

4. テフロン加工のフライパンにクッキングスプレーをスプレーし、中火で加熱します。パンケーキごとに約1/4カップの生地をスプーンでパンに入れ、表面に泡が現れるまで2〜3分間調理します。ひっくり返して、各パンケーキの裏面に焼き色が付くまで、さらに1〜2分間焼き続けます。

56. スイス フダンソウとキヌアのフリッタータ

6人分

材料

- クッキングスプレー
- 味付けしていないパン粉 1/3カップ
- オリーブオイル 大さじ1
- 玉ねぎ中1個（みじん切り）
- ニンニク 2片（みじん切り）
- 1ポンドのスイスチャードの葉、硬い中心の茎を取り除き、葉を薄くスライスします。
- 刻んだ新鮮なタイム 大さじ1
- 赤唐辛子フレーク 小さじ1/4
- キヌア 1 カップ（調理済み）
- 部分脱脂リコッタチーズ 1カップ
- 挽きたてのコショウ 小さじ1/4
- 卵 2 個（軽く溶きほぐす）

方向

1. オーブンを350°Fに予熱します。

2. 8×8インチのグラタン皿にクッキングスプレーをスプレーし、パン粉を塗ります。

3. 大きなフライパンに油を入れて中火にかけます。玉ねぎとにんにくを加え、頻繁にかき混ぜながら、柔らかくなるまで約5分間煮ます。

4. フダンソウを加え、野菜がしおれるまで頻繁にかき混ぜながらさらに3～4分間調理します。タイムと赤唐辛子のフレークを加えて混ぜます。

5. フライパンを火から下ろし、チャード混合物を中くらいのミキシングボウルに移します。

6. 調理したキヌア、チーズ、コショウ、卵をチャード混合物に加えてかき混ぜます。混合物を準備しておいたグラタン皿に移し、オーブンで約1時間、端が茶色になり始め、中心が固まるまで焼きます。

7. フリッタータを数分間冷ましてから、正方形に切ります。温かい状態または室温でお召し上がりください。

57.　　辛い ヤギのチーズを添えた焼き卵

4人分

材料
- クッキングスプレー
- 10オンスの冷凍みじん切りほうれん草を解凍し、絞って乾燥させたもの
- 卵 4個
- 分厚いサルサ 1/4カップ
- 砕いたヤギチーズ 1/4カップ
- 挽きたての胡椒

方向
1. オーブンを325°Fに予熱します。
2. 6オンスのラメキンまたはカスタードカップ4個にクッキングスプレーをスプレーします。
3. 各ラメキンの底をほうれん草で覆い、均等に分割します。ほうれん草の各層の中央にわずかなくぼみを作ります。
4. 各ラメキンのほうれん草の上に卵を1個ずつ割り入れます。各卵の上にサルサ大さじ1とヤギチーズ大さじ1を乗せます。コショウを振りかける。
5. ラミキンを天板に置き、白身が完全に固まるまでオーブンで約20分間焼きますが、黄身はまだ少しとろとろしています。すぐにお召し上がりください。

60. ガーリックマッシュルームとチーズのオムレツ

1人前

材料

- 卵 2個
- 水 小さじ1
- 挽きたての胡椒
- クッキングスプレー
- みじん切りニンニク 小さじ1/2
- 4オンスのスライスボタンまたはクレミニマッシュルーム
- 1オンスのシュレッド低ナトリウムスイスチーズ
- 新鮮なパセリのみじん切り 小さじ1

方向

1. 小さなボウルに卵、水、コショウを入れ、よく混ざるまで味をみて混ぜ合わせます。

2. 小さなテフロン加工のフライパンにクッキングスプレーをスプレーし、中火で加熱します。ニンニクとキノコを加え、頻繁にかき混ぜながら、キノコが柔らかくなるまで約5分間煮ます。キノコの混合物をボウルに移します。

3. 必要に応じてフライパンにクッキングスプレーを再度スプレーし、中火にかけます。卵を加え、端が固まり始めるまで調理します。セットした卵をヘラで端から中心に向かって押し込みます。フライパンを傾けて、固まった卵の外側に生卵を広げます。オムレツがほぼ固まるまで調理します。

4. 調理したキノコをスプーンでオムレツの中央に一列に入れます。チーズとパセリ半分をトッピングします。

5. オムレツの片側を反対側の上に折ります。チーズを溶かすためにさらに1分ほど煮ます。

6. オムレツをお皿に移し、残りのパセリを添えてすぐに盛り付けます。

61. もちもちアップルムーン

収量：18食分

材料

- ジュース、リンゴ -- 濃縮液 3/4 カップ
- 乾燥したリンゴ 1/2 カップ
- 卵2個
- バター 1/4 カップ -- 溶かして冷ました
- バニラ 小さじ1
- 小麦粉 1 1/4カップ
- ベーキングパウダー 小さじ1/2
- シナモン 小さじ1/2（粉末）
- 塩 小さじ1/4
- ナツメグ 小さじ1/8 -- すりつぶしたもの

方向

1. フルーツを刻む。濃縮リンゴ果汁とリンゴを混ぜます。10分間放置します。

2. オーブンを350度に予熱します。中くらいのボウルに卵を入れて混ぜます。濃縮混合物、バター、バニラを混ぜます。残りの材料を加えてよく混ぜます。油を塗ったクッキーシートの上に大さじ1杯の生地を2インチ落とします。

3. しっかりと黄金色になるまで10〜12分間焼きます。

62. 糖尿病と減塩のパウンドケーキ

収量: 4回分

材料
- 野菜ショートニング 1と1/2カップ
- 砂糖 $2\frac{3}{4}$カップ
- 卵9個
- レモン1個。のジュース
- バニラ 小さじ1
- ふるった薄力粉 2カップ

方向
1. オーブンを300度に加熱します。10インチのチューブパンにグリースと小麦粉を塗ります。
2. 滑らかになるまでクリームショートニングします。砂糖と生クリームを少しずつ加えてよく混ぜます。
3. 卵を一度に1つずつ加え、それぞれの後によくクリーム状にします。レモン汁とバニラを加えてかき混ぜます。薄力粉をふるいにかけ、混合物に加えます。
4. 混合物をチューブパンに注ぎます。1時間半、またはテストが完了するまで焼きます。

63. ブラウンシュガーピーカンアイスクリーム

8人分

材料

- 水 大さじ1
- 無味粉ゼラチン 小さじ1と1/2
- 低脂肪牛乳 2と1/2カップ
- ダークブラウンシュガー 3/4 カップ
- 挽いたシナモン 小さじ1/2
- 卵黄 3個
- 無脂肪エバミルク 1 缶 (12 オンス)
- バニラエッセンス 小さじ1
- 刻んだピーカンナッツ 1/2カップ

方向

1. 大きな鍋に牛乳1と1/2カップを入れて中火で加熱します。牛乳が熱くなったら、ブラウンシュガーとシナモンを加えて混ぜ、加熱し続けます。

2. 中くらいのボウルに卵黄と無糖牛乳を入れて混ぜ合わせます。熱い牛乳混合物を卵混合物に細い流れで加え、よく混ざるまで絶えず泡立てます。

3. 混合物を鍋に戻し、絶えずかき混ぜながら、混合物が濃くなり始めるまで約5分間中火で加熱します。

4. 混合物を目の細かいふるいで濾してボウルに入れ、ゼラチンと水の混合物を加えて混ぜます。

5. 残りの1カップの牛乳とバニラエッセンスを加えて混ぜ、蓋をし、冷蔵庫で少なくとも2時間または一晩冷やします。

6. 混合物をかき混ぜ、アイスクリームメーカーに移し、メーカーの指示に従って冷凍します。混合物がほぼ凍ったら、ピーカンナッツを加えます。

64. レモンメレンゲレイヤーケーキ

材料

ケーキの場合：

- クッキングスプレー
- 中力粉、打ち粉用
- 卵 4 個（室温）
- 砂糖 2/3カップ
- バニラエッセンス 小さじ1
- レモンの皮 小さじ1
- キャノーラ油 大さじ3
- 薄力粉 3/4カップ

詰め物について：

- 無脂肪練乳 1缶
- レモンの皮 小さじ1
- 新鮮なレモン汁 1/3カップ

トッピングの場合：

- 卵白 2個（室温）
- タルタルクリーム 小さじ1/4
- 砂糖 1/4カップ
- バニラエッセンス 小さじ1/4

方向

ケーキを作るには：

1. 大きなボウルに卵と砂糖を入れ、電動ミキサーを中高速に設定して、ふわふわした淡黄色になるまで8〜10分間混ぜます。バニラとレモンの皮を加えます。

2. ゴムベラを使って油をさっくりと混ぜ合わせます。

3. 小麦粉が溶けるまでかき混ぜます。

4. 準備しておいた天板に生地を均等に分けて移します。

5. 中央につまようじを差し込んできれいになるまで、ケーキを20〜22分間焼きます。

6. を配置します。型をワイヤーラックの上に置いて10分間冷ましてから、ケーキをラックの上に取り出して完全に冷まします。

65. チョコレートクリームパイ

8人分

材料

クラストの場合：

- チョコレートクッキークラム 1 1/4カップ
- 溶かした無塩バター 大さじ3

詰め物について：

- 砂糖 3/4カップ
- コーンスターチ 1/4カップ
- 無糖ココアパウダー 1/4カップ
- 低脂肪乳または軽いココナッツミルク $1\frac{3}{4}$カップ
- 卵1個
- 細かく刻んだ4オンスのほろ苦いチョコレート
- 脂肪分を含まない乳製品を含まないホイップトッピング、サービング用

方向

1. 中火にかけた大きな鍋で、砂糖、コーンスターチ、ココアを混ぜ合わせます。牛乳と卵を加え、滑らかになるまで泡立て続けます。

2. 混合物が泡立って濃くなるまで、絶えずかき混ぜながら約5分間調理します。

3. 混合物を火から下ろし、チョコレートを加え、完全に溶けて溶け込むまでかき混ぜます。

4. 準備したクラストにフィリングを注ぎ、ラップで覆い、プラスチックをフィリングの表面に押し付け、固まるまで少なくとも4時間冷やします。

5. 冷やして、お好みに応じてフルーツやホイップをトッピングしてお召し上がりください。

66．チェリーアーモンドビスコッティ

ビスコッティが18個作れます

材料

- 中力粉 1カップ
- 全粒粉 1カップ
- ベーキングパウダー 小さじ1/2
- 重曹 小さじ1/2
- 無塩バター 1/4カップ
- グラニュー糖 1/2カップ
- ブラウンシュガー 1/4カップ
- 卵 2個
- バニラエッセンス 大さじ1
- 3オンスのアーモンド
- ドライチェリー 2オンス（みじん切り）

方向

1. 中くらいのミキシングボウルに小麦粉、ベーキングパウダー、重曹を入れて混ぜ合わせます。
2. 大きなミキシングボウルで、電動ミキサーを使用して、バターと砂糖をクリーム状になるまで混ぜ合わせます。卵を1つずつ加えます。
3. バニラと乾燥材料を加え、よく混ざるまで混ぜます。アーモンドとドライチェリーを加えます。
4. 生地を2等分に分けます。用意したベーキングシートの上で、生地を3×8インチのパン2個の形に成形します。
5. パンがきつね色になるまで30分から35分焼きます。
6. パンを45度の角度で1インチ幅のスライスに切ります。
7. スライスをベーキングシートに戻し、切り取っていない端を立てます。ビスコッティが乾燥して軽く茶色になるまで、約 25 分間焼きます。

67．オートミールチョコチップクッキー

材料

- 中力粉 1/2カップ
- 全粒粉 1/2カップ
- 昔ながらのクイッククックロールドオーツ 3/4カップ
- ベーキングパウダー 小さじ1/2
- 重曹 小さじ1/3
- ライトブラウンシュガー 3/4カップ
- キャノーラ油 1/3カップ
- 卵1個
- バニラエッセンス 小さじ1
- ダークチョコレートチップ 1/3カップ

方向

1. オーブンを350°Fに予熱します。
2. 大きなベーキングシートにクッキングシートを敷きます。
3. 中くらいのミキシングボウルに小麦粉、オーツ麦、ベーキングパウダー、重曹を入れて混ぜます。
4. 電動ミキサーを使用して、大きなミキシングボウルに砂糖と油を入れてクリーム状にします。
5. 卵とバニラを加えて混ぜ合わせます。
6. 乾燥した混合物を湿った混合物に加え、混ぜ合わせます。
7. チョコチップを入れて混ぜます。
8. クッキー生地を天板に丸めた大さじ一杯ずつ落とします。
9. クッキーをきつね色になるまで約25分間焼きます。クッキーをワイヤーラックに移して冷まします。

68．減塩コーンブレッドパイ

材料

- 赤身のひき肉 1ポンド
- 玉ねぎ（大）各1個（みじん切り）
- モックトマトスープ 各1個
- 塩と小さじ3/4の黒コショウ
- チリパウダー 大さじ1
- 12オンスの冷凍カーネルコーン
- ピーマン 1/2 カップ -- みじん切り
- コーンミール $\frac{3}{4}$ カップ
- 砂糖 大さじ1
- 中力粉 大さじ1
- ベーキングパウダー 小さじ1と1/2
- 卵白 2個 -- よく溶く
- 2%牛乳 1/2カップ
- ベーコンドリップ 大さじ1

方向

1. コーンブレッドパイ： フライパンに挽肉と玉ねぎのみじん切りを入れて混ぜます。
2. ブラウンもしっかり。トマトスープ、水、コショウ、チリパウダー、コーン、刻んだピーマンを加えます。よく混ぜて15分間煮ます。油を塗ったキャセロールに変えます。コーンブレッド（下）を上に乗せ、中温（350°F）のオーブンで20分間焼きます。
3. コーンブレッドのトッピング：コーンミール、砂糖、小麦粉、ベーキングパウダーを合わせてふるいにかけます。よく溶いた卵、牛乳、ベーコンのドリップを加えます。牛肉混合物をオンにします。

69．チョコレートスフレケーキ

収量：8食分

材料

- テフロン加工の植物油
- 噴射
- 砂糖 大さじ14
- トーストしたくるみ 2/3カップ
- 無糖ココアパウダー 1/2カップ
- 植物油 大さじ3
- 卵白 大きめ 8個
- 塩 ひとつまみ
- 粉砂糖

方向

1. 鍋と紙に植物油スプレーを塗ります。鍋に大さじ2杯の砂糖を振りかけます。プロセッサーでナッツを大さじ2杯の砂糖で細かく砕きます。ナッツ混合物を大きなボウルに移します。大さじ10杯の砂糖とココアを加え、次に油を混ぜます。

2. 電動ミキサーを使用して、大きなボウルに卵白と塩を入れ、柔らかい角が立つまで混ぜます。白身をココア混合物に混ぜます。

3. 準備したパンに生地をスプーンで入れます。滑らかなトップ。

4. 中央に差し込んだパフとテスターがしっとりとしたパン粉を付けて出てくるまで、約30分焼きます。

70. ブレックファストタコス

材料

- 粉末クミン 小さじ1
- 食塩無添加のピンクビーンズ 1 缶（15 オンス）
- ねぎ 4 本（スライス）
- 小さな赤ピーマン 1個、細い千切りにする
- 減塩チキンスープ 1/2カップ
- ニンニク 2片（みじん切り）
- 卵 4個
- 無脂肪ヨーグルト 大さじ4
- サルサ 大さじ4
- トーストしたコーントルティーヤ 8 枚（6 インチ）

方向

a) 10インチのノンスティックフライパンを中火〜強火で加熱します。クミンを加え、時々かき混ぜながら、約30秒間、または香りが立つまで煮ます。豆、ネギ、ピーマン、スープ、ニンニクを加えます。沸騰したら火を弱め、混合物が沸騰します。8分間調理します。

b) スプーンの背を使って豆に4つのくぼみを作ります。各卵をカスタードカップに割り、それぞれのくぼみに注ぎます。蓋をして8分ほど煮ます。

c) 卵をトッピングした豆の混合物を各部分ですくってお皿に盛り付けます。豆の上と周りにオリーブを振りかけます。各食分にヨーグルト大さじ1とサルサ大さじ1を加えます。

71．バーベキューハッシュ

材料

- 皮をむき、みじん切りにしたサツマイモ 3個
- テンペ 1 パッケージ（8 オンス）、みじん切り
- 玉ねぎ 1個（みじん切り）
- 赤ピーマン 1個、細かく刻む
- 市販のバーベキューソース 大さじ1
- ケイジャンシーズニング 小さじ1
- 刻んだ新鮮なパセリ 1/4カップ
- 卵 4個 ホットペッパーソース（お好みで）

方向

a) 大きなテフロン加工のフライパンに油大さじ3を入れて中強火で加熱します。サツマイモとテンペを加え、時々かき混ぜながら、5分間、または混合物が茶色になり始めるまで調理します。火を中程度に下げます。

b) タマネギとピーマンを加え、テンペが茶色になり、ジャガイモが柔らかくなるまで、調理時間の最後に頻繁にかき混ぜながら、さらに12分間調理します。

c) バーベキューソース、ケイジャンシーズニング、パセリを加えます。混ぜて混ぜ、4つの皿に分けます。

d) フライパンの汚れをペーパータオルで拭きます。火を中弱火に下げ、残りの大さじ1杯の油を加えます。フライパンに卵を割り入れ、お好みの固さになるまで炒めます。

e) ハッシュの各部分の上に卵をスライドさせて、一度に提供します。必要に応じて、ホットペッパーソースをテーブルに渡します。

72．オリーブとハーブのフリッタータ

材料

- オリーブオイル 小さじ1（できればエクストラバージン）

- みじん切りの赤ピーマン 3/4カップ

- みじん切りピーマン 3/4カップ

- 3/4カップ（3オンス）の細切り低脂肪モントレージャックチーズ

- 刻んだフレッシュバジル 大さじ2

- 卵5個+卵白2個を軽く溶きます

- 塩 小さじ1/4 挽いた黒コショウ

方向

a) オーブンを375°Fに予熱します。9インチのオーブン対応フライパンに植物油スプレーを塗ります。中火にかけます。油を加えます。30秒間加熱します。ピーマンを加えます。時々かき混ぜながら、約5分間、またはちょうど柔らかくなるまで調理します。鍋にチーズとバジルを散らします。卵、卵白、オリーブ、塩、コショウを加えます。

b) 約30分間、または卵が固まるまで焼きます。少し冷めるまで放置します。くさび形に切ります。

73. アスパラグスフリッタタ

材料

- アスパラガス 1/2 ポンド（1 インチの大きさに切る）
- 玉ねぎ 1/4個、細かくみじん切りにする
- 卵 4個
- 卵白 2個
- 冷水 大さじ2
- おろしたてのオレンジの皮 小さじ2
- 塩 小さじ1/4 挽きたての黒コショウ

方向

a) オーブンを350°Fに予熱します。10インチのテフロン加工のオーブン対応フライパンを中火で1分間加熱します。油を加えて30秒ほど加熱します。アスパラガスと玉ねぎを加えます。かき混ぜながら約2分間、またはアスパラガスが明るい緑色になるまで調理します。

b) その間に、卵、卵白、水、オレンジの皮、塩を泡立てます。鍋に注ぎ、2分間、または底に固まり始めるまで調理します。シリコン製のスパチュラを使って端を持ち上げ、未調理の混合物を下に流し込みます。コショウでよく味付けします。

c) オーブンに移し、6分間焼きます。スパチュラを使って卵混合物の端を持ち上げ、フライパンを傾けて生の卵と油が下に流れるようにします。約6分間長めに、または膨らみ黄金色になるまで焼きます。

74．ストロベリーアーモンドトースト

材料

- 卵1個
- 無脂肪牛乳 1/4カップ
- シナモン粉 小さじ1/4
- 全粒粉パン 1枚
- マーガリン 小さじ1
- スライスしたイチゴ 1/2カップ

方向

a) 浅いボウルに卵を入れ、牛乳とシナモンを加えて混ぜます。パンの両面を卵液に浸します。

b) テフロン加工のフライパンでマーガリンを中火で溶かします。パンを片面約2〜3分、またはきつね色になるまで焼きます。斜め半分に切ります。半分をお皿に置きます。イチゴの半分とアーモンドをトッピングします。

c) もう半分のトーストと残りのイチゴとアーモンドをかぶせます。

75. チョコチップパンケーキ

材料

- 全粒小麦粉 2/3カップ
- 無漂白中力粉 2/3カップ
- コーンミール 1/3カップ
- ベーキングパウダー 大さじ1
- 重曹 小さじ1/2
- 無脂肪バニラヨーグルト 2カップ
- 無脂肪卵代替品 3/4カップ
- キャノーラ油 大さじ2
- 乳製品不使用のホイップトッピング 3/4 カップ

方向

a) 小麦粉、コーンミール、ベーキングパウダー、重曹を大きなボウルに入れて混ぜます。ヨーグルト、卵代替品、チョコレートチップ、油を加えて混ぜます。

b) 大きなテフロン加工のフライパンにクッキングスプレーを塗り、中火で加熱します。

c) パンケーキごとに、大さじ2杯の生地をフライパンに入れます。パンケーキを2分間、または表面に泡が出て端が固まるまで焼きます。ひっくり返して軽く焼き色がつくまで、さらに約2分焼きます。残りの生地で繰り返します。

d) 各パンケーキの上に小さじ1杯のホイップトッピングを乗せます。

76. チョコレートクルミワッフル

材料

- 全粒ペストリー粉 1と1/2カップ
- 無糖ココアパウダー 1/2カップ
- ベーキングパウダー 小さじ2
- 重曹 小さじ1/4
- 1%牛乳 1カップ
- ブラウンシュガー 1/2 カップ
- エスプレッソパウダー 小さじ2
- ライトオリーブオイル 大さじ3
- 卵白 3個
- 塩 小さじ1/8
- メープルシロップ 大さじ3

方向

a) 小麦粉、ココアパウダー、ベーキングパウダー、重曹を大きなボウルに入れて混ぜ合わせます。小麦粉混合物の中央にくぼみを作り、牛乳、砂糖、エスプレッソパウダー、油を加えます。成分が混ざるまで混ぜ合わせます。

b) ワッフルアイロンを 4 分間、またはメーカーの指示に従って予熱します。チョコレート生地に白身を3回に分けて混ぜ合わせ、混合物が混ざり合うまで混ぜます。

c) 使用する直前に、加熱したワッフルグリッドにクッキングスプレーを塗ります。ワッフルグリッド（2/3カップ）をほぼ覆うのに十分な量の生地を加え、3〜4分間調理します。

77．グラノーラバーとドライチェリー

材料

- ドライプレーンオーツ 1と1/2カップ
- 中力粉 大さじ1
- 刻んだ無糖の乾燥チェリー 2/3 カップ
- 卵 2個
- ライトブラウンシュガー 1カップ
- キャノーラ油 大さじ1
- 粉末シナモン 小さじ1
- 塩 小さじ1/4
- バニラエッセンス 小さじ1

方向

a) カシューナッツ1カップとオーツ麦1/2カップを側面のある大きな天板に置きます。10分間、または一度かき混ぜながらトーストするまで焼きます。脇に置いておきましょう。

b) 金属ブレードを備えたフードプロセッサーに小麦粉と残りのオーツ麦1カップとカシューナッツ1/2カップを入れます。滑らかになるまで加工します。中くらいのボウルに移し、チェリー、取っておいたカシューナッツ、オーツ麦と混ぜます。

c) 一緒に泡立てます大きなボウルに卵、ブラウンシュガー、油、シナモン、塩、バニラを入れます。オーツ麦とカシューナッツの混合物をよく混ざるまでかき混ぜます。用意しておいた型に広げます。

d) 30分間、またはきつね色になるまで焼きます。

78．フルーツとナッツのマフィン

材料

- 全粒ペストリー粉 1 3/4 カップ
- ベーキングパウダー 小さじ1と1/2
- シナモン粉 小さじ1と1/2
- 重曹 小さじ1/2
- 塩 小さじ1/4
- 無脂肪バニラヨーグルト 1カップ
- ブラウンシュガー 1/2カップ
- 卵1個
- キャノーラ油 大さじ2
- バニラエッセンス 小さじ1
- 砕いたパイナップル 1/2 カップのジュースに浸し、水を切ります
- スグリまたはレーズン 1/3カップ
- すりおろしたニンジン 1/4カップ

方向

a) オーブンを400°Fに予熱します。

b) 小麦粉、ベーキングパウダー、シナモン、重曹、塩を大きなボウルに入れて混ぜます。中くらいのボウルにヨーグルト、ブラウンシュガー、卵、油、バニラを入れて混ぜます。ヨーグルト混合物を小麦粉混合物に混ぜ合わせます。

c) ピーカンナッツ、パイナップル、スグリまたはレーズン、ニンジンを入れます。

d) 生地を12個のマフィンカップに均等に分けます。

e) 20分間焼きます。

79．ダブルパンプキンスナックバー

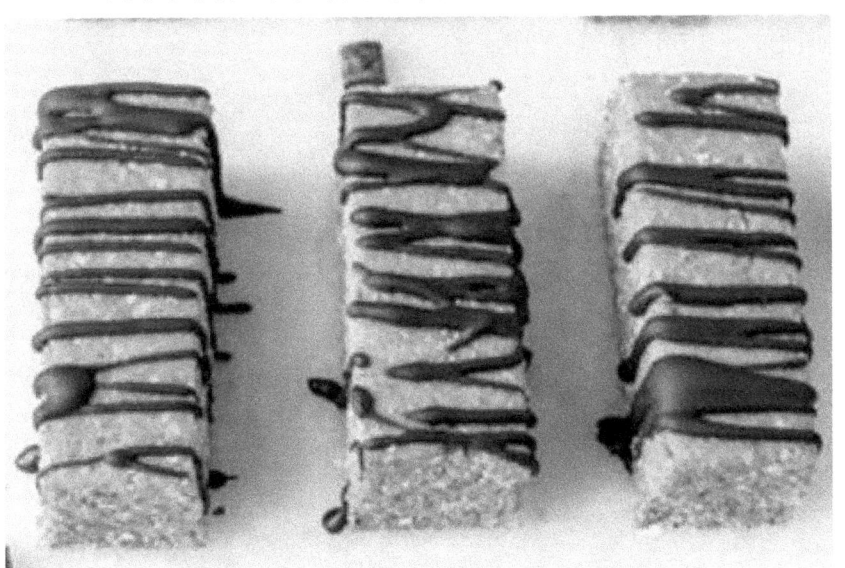

材料

- 缶詰固形パックカボチャ 1 カップ
- にんじんの千切り 1カップ
- 砂糖 1/2カップ
- ドライクランベリーまたはレーズン 1/3カップ
- キャノーラ油 1/4カップ
- 大きな卵 2個
- 全粒ペストリー粉 1カップ
- ベーキングパウダー 小さじ1
- 粉末シナモン 小さじ1
- 重曹 小さじ1/2
- 塩 小さじ1/4

方向

a) かぼちゃの種1カップを計ってミキサーまたはフードプロセッサーに入れ、細かくなるまで加工します。脇に置いておきましょう。残った種は粗く刻んで置いておきます。

b) 大きなボウルにカボチャ、ニンジン、砂糖、クランベリーまたはレーズン、油、卵を入れ、よく混ざるまでかき混ぜます。小麦粉、粉砕したカボチャの種、ベーキングパウダー、シナモン、重曹、塩を加えます。混ざるまで混ぜます。

c) 用意しておいた型に生地を流し入れ、均一に広げます。取っておいたみじん切りにしたカボチャの種を散らします。22～25分間、または軽く押すと上部が跳ね返るまで焼きます。ラック上のパンの中で完全に冷ましてから、12 本のバーに切ります。

80．エッグピザクラスト

材料-

- 卵 3個
- ココナッツ粉 1/2カップ
- ココナッツミルク 1カップ
- 砕いたニンニク 1片

方向

a) 混ぜてオムレツを作ります。

b) 仕える

81. 野菜入りオムレツ

1人分

材料

- 大きな卵 2個
- 塩
- 挽いた黒胡椒
- 小さじ1オリーブ油かクミン油
- ほうれん草 1カップ、チェリートマト、ヨーグルトチーズ スプーン1杯
- 砕いた赤唐辛子のフレークとディル ひとつまみ

方向

a) 小さなボウルに大きな卵2個を入れて泡立てます。塩と黒コショウで味付けし、置いておきます。中くらいのフライパンにオリーブオイル小さじ1を入れて中火で加熱します。

b) ベビーほうれん草、トマト、チーズを加え、しおれるまで炒めます（約1分）。

c) 卵を加えます。時々かき混ぜながら、固まるまで約1分間調理します。チーズを加えてかき混ぜます。

d) 砕いた赤唐辛子のフレークとディルを振りかけます。

82. エッグマフィン

材料

1人分：マフィン8個

- 卵 8個
- さいの目に切ったピーマン 1カップ
- 玉ねぎのみじん切り 1カップ
- ほうれん草 1カップ
- 塩 小さじ1/4
- 挽いた黒コショウ 小さじ1/8
- 水 大さじ2

方向

a) オーブンを華氏350度に加熱します。マフィンカップ8個に油を塗ります。

b) 卵を混ぜ合わせます。

c) ピーマン、ほうれん草、玉ねぎ、塩、黒胡椒、水を加えて混ぜます。混合物をマフィンカップに注ぎます。

d) マフィンが真ん中まで焼き上がるまでオーブンで焼きます。

83. スモークサーモンのスクランブルエッグ

材料

- 小さじ1ココナッツ油
- 卵 4個
- 水 大さじ1
- 4オンス。スモークサーモン、スライス
- アボカド 1/2個
- 挽いた黒コショウ, だけで十分な
- チャイブ 4 本（みじん切り）（またはネギ 1 本を薄くスライスして使用）

方向

a) フライパンを中火で加熱します。

b) 鍋が熱くなったらココナッツオイルを加えます。

c) その間にスクランブルエッグ。熱したフライパンに卵を入れ、スモークサーモンを加えます。絶えずかき混ぜながら、卵を柔らかくふわふわになるまで調理します。

d) 暑さから削除。アボカド、黒胡椒、チャイブをトッピングして出来上がり。

84．ステーキと卵

2人分

材料-

- 1/2ポンドの骨なしビーフステーキまたはポークテンダーロイン
- 挽いた黒コショウ 小さじ1/4
- 海塩 小さじ1/4 （お好みで）
- 小さじ2ココナッツ油
- 玉ねぎ 1/4個 （みじん切り）
- 赤ピーマン 1個 （角切り）
- ほうれん草またはルッコラ 1つかみ
- 卵 2個

方向

a) スライスしたステーキまたは豚ヒレ肉に海塩と黒コショウを加えます。ソテーパンを強火で加熱します。鍋が熱くなったら、ココナッツオイル小さじ1、玉ねぎ、肉を加え、ステーキが少し火が通るまで炒めます。

b) ほうれん草と赤ピーマンを加え、ステーキが好みの焼き加減になるまで煮ます。その間に小さめのフライパンを中火で温めます。残りのココナッツオイルを加え、卵2個を炒めます。
各ステーキに目玉焼きを乗せてお召し上がりください。

85. エッグベイク

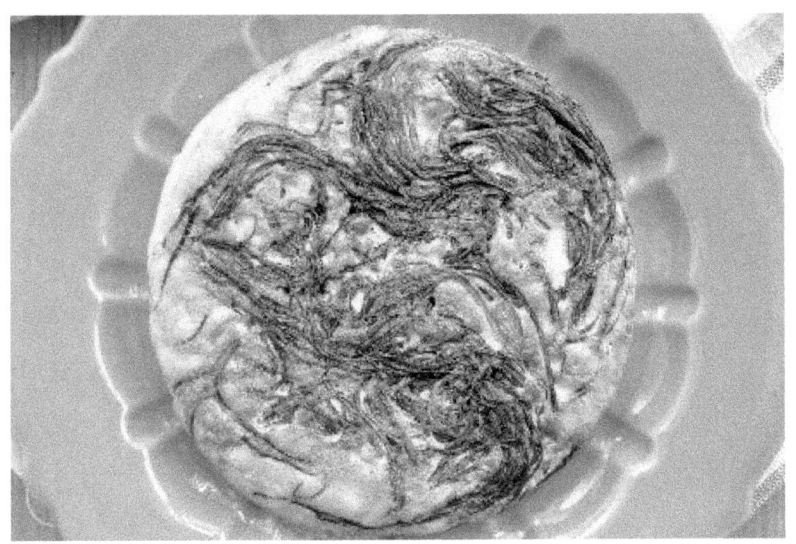

材料-6人分

- みじん切りの赤ピーマンまたはほうれん草 2カップ
- ズッキーニ 1カップ
- 大さじ2ココナッツ油
- スライスしたキノコ 1カップ
- ネギのスライス 1/2 カップ
- 卵 8個
- ココナッツミルク 1カップ
- 1/2カップアーモンド小麦粉
- 新鮮なパセリのみじん切り 大さじ2
- 乾燥バジル 小さじ1/2
- 塩 小さじ1/2
- 挽いた黒コショウ 小さじ1/4

方向

a) オーブンを350度Fに予熱します。フライパンにココナッツオイルを入れます。中火に加熱します。キノコ、玉ねぎ、ズッキーニ、赤ピーマン（またはほうれん草）を野菜が柔らかくなるまで約5分間加えます。野菜の水を切り、グラタン皿の上に広げます。

b) ボウルに卵を入れ、牛乳、小麦粉、パセリ、バジル、塩、コショウを入れて混ぜます。卵混合物をグラタン皿に注ぎます。

c) 予熱したオーブンで中心が固まるまで焼きます（約35〜40分）。

86. フリタータ

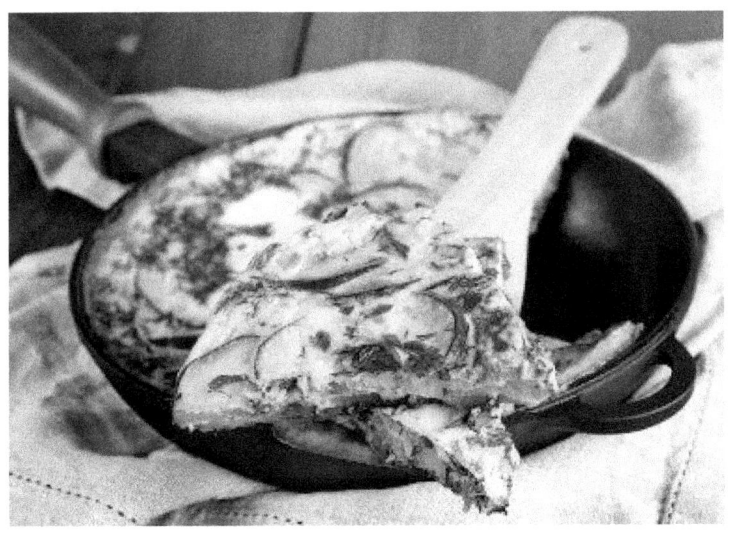

6人分

材料

- 大さじ2オリーブ油かアボカド油
- ズッキーニ 1個（スライス）
- ちぎった新鮮なほうれん草 1カップ
- ネギのスライス 大さじ2
- 潰したニンニク 小さじ1、塩、コショウ 適量
- ココナッツミルク 1/3カップ
- 卵 6個

方向

a) フライパンにオリーブ油を中火で熱します。ズッキーニを加えて柔らかくなるまで煮ます。ほうれん草、ネギ、ニンニクを混ぜます。塩とコショウで味付けします。ほうれん草がしおれるまで調理を続けます。

b) 別のボウルに卵とココナッツミルクを入れて混ぜ合わせます。フライパンに野菜の上に注ぎます。火を弱め、蓋をし、卵が固まるまで（5〜7分）調理します。

87．ナン・パンケーキ・クレープ

材料

- 1/2カップアーモンド 小麦粉

- タピオカ粉 1/2カップ

- ココナッツミルク 1カップ

- 塩

- ココナッツ油

方向

a) すべての材料を混ぜ合わせます。

b) フライパンを中火で熱し、生地を好みの厚さまで注ぎます。生地が固まってきたらひっくり返して反対側も焼きます。

c) デザートのクレープやパンケーキにしたい場合は、塩を省いてください。必要に応じて、みじん切りのニンニクや生姜を生地に加えたり、スパイスを加えたりできます。

88. ズッキーニのパンケーキ

3人分

材料

- ズッキーニ 中2個
- 玉ねぎのみじん切り 大さじ2
- 溶き卵 3個
- 大さじ6〜8アーモンド小麦粉
- 塩 小さじ1
- 挽いた黒コショウ 小さじ1/2
- ココナッツ油

方向

a) オーブンを華氏300度に加熱します。

b) ズッキーニをすりおろしてボウルに入れ、玉ねぎと卵を加えて混ぜます。小麦粉大さじ6、塩、コショウを加えて混ぜます。

c) 大きなソテーパンを中火で加熱し、ココナッツオイルを加えます。油が熱くなったら火を中弱火にし、フライパンに生地を入れます。パンケーキを焼き色がつくまで片面約2分ずつ焼きます。パンケーキをオーブンに置きます。

89．キッシュ

エルベス 2-3

材料

- 1 調理して冷やしたセイボリーパイ生地
- 8オンスの有機ほうれん草、調理して水気を切る
- 6オンスの角切り豚肉
- 中くらいのエシャロット 2 個（薄くスライスしてソテー）
- 大きな卵 4個
- ココナッツミルク 1カップ
- 塩 小さじ3/4
- 挽きたての黒コショウ 小さじ1/4

方向

a) 豚肉をココナッツオイルで焼き、ほうれん草とエシャロットを加えます。完了したら脇に置きます。

b) オーブンを350Fに予熱します。大きめのボウルに卵、牛乳、塩、こしょうを入れて混ぜます。泡状になるまで泡立てます。水気を切ったフィリング混合物の約3/4を加え、残りの1/4はキッシュの「トッピング」用に取っておきます。卵液を生地に流し込み、残りのフィリングをキッシュの上に置きます。

c) キッシュをオーブンの中段の中央に置き、静かに45〜50分間焼きます。

90．朝食用ソーセージボール

収量：12個分

材料

- オレンジジュース、冷凍濃縮物 大さじ2
- メープルシロップ 大さじ2
- 4分割パン
- 卵 1 個、少し混ぜる
- 1/2ポンドのマイルドバルクソーセージ
- 角切りグリルピーカンナッツ 1/2 カップ
- パセリフレーク 大さじ2

方向

a) パンをオレンジジュースとメープルシロップで割ります。卵を加えてよく混ぜます。

b) 残りの材料を混ぜ合わせます。直径約1インチの小さなソーセージボール、またはパティにします。グリルまたはグリドルで中火で茶色になるまでゆっくりと揚げます。オードブルとして、または家族の夕食のマカロニの添え物として提供できます。作り置きして調理後冷凍も可能です。

c) 食べる前に温かいグリルで再加熱してください。

91. 朝食のソーセージサンドイッチ

収量: 1 回分

材料

- 柔らかくしたバターまたはマーガリン
- 8分割パン
- 調理済みポークソーセージ 1ポンド
- 崩れて水気を切った
- 1カップ（約
- 4オンス）シュレッドチェダーチーズ
- 卵 2 個（混ぜ合わせたもの）
- 牛乳 1と1/2カップ
- マスタード 小さじ1と1/2

方向

a) 各パンの片面にバターを塗ります。

b) 薄く油を塗った8インチの正方形のグラタン皿に、バターを塗った面を下にして4つの部分を一層に置きます。

c) 各パンの部分の上にソーセージと残りのパンの部分を、バターを塗った面を上にして置きます。チーズをふりかけます。

d) 残りの材料を混ぜます。サンドイッチに飛びつきます。蓋をして少なくとも8時間冷蔵庫で冷やします。

92. ローストチリカスタード

収量：4人分

材料

- 大きめの卵 2個
- 大きめの卵黄 2個
- 砂糖 1/3カップ（茶色）
- ブラウンシュガー 大さじ2
- 塩 小さじ1/4
- クリーム（濃いめ） 2カップ
- バニラ 小さじ1/4
- チリ・デ・アルボル 小さじ2（トーストした粉末）

方向

a) グリルを300度に加熱します。卵、卵黄、½ブラウンシュガー、塩を非反応性皿に入れて、ちょうど混ざるまで泡立てます。

b) 鍋にクリームとバニラを入れて中火で加熱します。火から下ろします。卵混合物にフラクショナルを加えて滑らかになるまで素早く泡立てます。鍋のクリームに戻します。スプーンの裏側にカスタードを塗り、沸騰直前まで戻します。熱から取り出します。

c) 4 4オンスのラメキンにカスタードを注ぎます。ホテルパンに置きます。グリルのパンを計画します。ラミキンの側面の2/3に達するのに十分な水を満たします。固まるまで焼きます（約35分）。3時間冷蔵します。

d) 奉仕すること。各カスタードに小さじ1/4のチリパウダーを振りかけます。上はふるいにかけたブラウンシュガー。砂糖が焦げないように溶けるまで焼きます。

93．朝食のソーセージサンドイッチ

収量: 1 回分
材料

- 柔らかくしたバターまたはマーガリン
- 8分割パン
- 調理済みポークソーセージ 1ポンド
- 4オンスのシュレッドチェダーチーズ
- 卵 2 個（混ぜ合わせたもの）
- 牛乳 1と1/2カップ
- マスタード 小さじ1と1/2

方向

a) 各パンの片面にバターを塗ります。

b) 薄く油を塗った8インチの正方形のグラタン皿に、バターを塗った面を下にして4つの部分を一層に置きます。

c) 各パンの部分の上にソーセージと残りのパンの部分を、バターを塗った面を上にして置きます。チーズをふりかけます。

d) 残りの材料を混ぜます。サンドイッチに飛びつきます。蓋をして少なくとも8時間冷蔵庫で冷やします

e) 冷蔵庫から取り出して、30分休ませます。

94. ドイツのパンケーキ

収量：12個分

材料

- レッドペッパーチキンのグリル
- 大きな卵 3個
- 中力粉 1/3カップ
- 牛乳 1/3カップ
- 塩 小さじ1/4
- 野菜ショートニング 大さじ1; 溶けた

方向

a) レッドペッパーチキンのグリルが完成しました。食べる準備ができるまで冷蔵してください。

b) グリルを450Fに加熱します。で中くらいの大きさの皿に、電動ミキサーを高速でかけて、卵をとろみがついてふわふわになるまで混ぜます。ミキサーの速度を低速に下げ、小麦粉、牛乳、塩を徐々に混ぜます。

c) それぞれ2 1/2インチのハート型を6個入れた2つのパン、または2 1/2インチのカップを12個入れたマフィン型をグリルに置き、5分間加熱します。グリルから鍋を取り出します。ショートニングを溶かしたブラシカップ。生地をカップに分け、膨らみ軽く焼き色がつくまで10〜12分焼きます。

d) パンケーキをカップからワイヤーラックに取り出します。5〜10分間、または中央が落ちてわずかなへこみが残るまで冷却します。グリルしたレッドペッパーチキンをスプーンでパンケーキの真ん中に盛り付け、お皿に置きます。すぐにお召し上がりください。必要に応じて、パンケーキを充填する前に完全に冷却し、冷たい状態で提供することもできます。

e) 角切りにしたグリルピーマン 1/2 カップから、大さじ 2 杯を取っておきます。残りの赤唐辛子をダイシングブレードを備えたフードプロセッサーに入れます。マヨネーズ大さじ3、バルサミコ酢大さじ1、黒コショウ小さじ1/4、塩小さじ1/8を加えます。混合物がピューレになるまで処理します。適度な大きさの皿に移し、角切りにした調理済み鶏肉 1 カップ、ネギ 1 本、細かく刻んで取っておいた、角切りのグリル赤唐辛子 大さじ 2 を加えてかき混ぜます。

f) よく混ぜます。蓋をして、食べる準備ができるまで冷蔵庫で冷やします。

新鮮な卵のドリンク

95. チリヤシ

収量: 1 回分

材料

- 13/16クォート ライト プエルトリコ ラム
- ライム2個の皮をむきます。（すりおろし）
- 卵黄 6個
- スイートコンデンスミルク 1缶
- エバミルク 2缶（大）
- ココナッツクリーム 2缶;（ココ・ロペスみたいに）
- 6オンスのジン

方向

a) ラム酒の半分とライムの皮をブレンダーで高速で2分間混ぜます。濾して大きなボウルに入れます。残りのラム酒を加えます。

b) ブレンダーで、卵黄、牛乳、ジンの両方をよく混ざるまで混ぜます。

c) この混合物の3/4をラム酒の入ったボウルに注ぎます。残りをココナッツクリームと混ぜ、よく混ぜます。ラム酒混合物に加え、よく混ぜて冷蔵庫で冷やします。

96. クラシックアマレットサワー

収量：1ドリンク

材料
- アマレット 1 1/2オンス（大さじ3）
- バーボンウイスキー 1/2オンス（大さじ1）
- レモン汁 1オンス（大さじ2）
- シンプルシロップまたはメープルシロップ 小さじ1
- 卵白 1個
- 2 ダッシュ アンゴスチュラ ビターズ
- 付け合わせ：カクテルチェリーまたはルクサルドチェリー、レモンスライス

方向
a) アマレット、バーボン、レモン汁、シロップ、卵白、ビターズを氷を入れずにカクテルシェーカーに加えます。15秒間振ります。

b) カクテルシェーカーに氷を加えます。もう一度30秒間振ります。

c) 飲み物をグラスに注ぎます。泡が上部に集まります。カクテルチェリーを飾ります。

97. ウィスキーサワーカクテル

1食分 1食分

材料

- 2オンスのウイスキー
- 3/4オンスの絞りたてのレモンジュース
- 1/2オンスのシンプルシロップ
- 卵白 大きめ1個
- 氷
- アンゴスチュラ ビターズ 2 〜 3 滴（オプション）

方向

a) 材料を混ぜ合わせ、氷を入れずにシェイクします。

b) カクテルシェーカーにウイスキー、レモン汁、シンプルシロップを入れ、卵白を加えます。

c) 氷を入れずに60秒間シェイクします。

d) 氷を加え、再度振ってから濾します。

e) シェイカーに氷を加え、再度30秒間シェイクします。カクテルグラスに濾し、ビターズを上から落とします。仕える！

98. ドイツのエッグリキュール

分量: 2 人前

材料

- 卵黄 4個
- 粉砂糖 1カップ
- バニラエッセンス 小さじ1/2
- ホイップクリーム 1/2カップ
- ラム酒 1/3カップ

方向

a) 卵を分離し、卵黄を中型のミキシングボウルに加えます。粉砂糖とバニラエッセンスを加え、電動ハンドミキサーまたは泡立て器でクリーム状になるまで混ぜます。

b) 生クリームを加えて混ぜ、泡立て続けます。

c) 次にラム酒をゆっくりと注ぎ、激しく泡立て続けます。

d) 泡立ったら、ボウルをコンロ上の湯せんに入れ、混合物が濃厚でクリーミーになるまで数分間泡立て続けます。エッグリキュールが泡立ち始めてアルコールが失われるのを避けるため、鍋の中の水は熱くても沸騰していないことを確認してください。エッグリキュールを華氏約160度まで加熱するとします。

e) エッグリキュールをグラスに注いですぐに飲むか、消毒したボトルに注いで後で保存します。清潔な器具と新鮮な卵を使用した場合、卵リキュールは冷蔵庫で約 4 か月間保存できます。

99．ベトナムエッグコーヒー

1回分: 2カップ

材料

- 12オンス エスプレッソ
- 卵黄 1個
- 加糖練乳 大さじ4

方向

a) エスプレッソを2カップ淹れる

b) 卵黄と加糖コンデンスミルクを軽い泡状または柔らかい角が立つまで泡立てます。

c) エスプレッソの上に卵液を加えます。

100. ザバリオーネ

分量: 4人分

材料
- 卵黄 4個
- 砂糖 1/4カップ
- マルサラ ドライまたはその他の辛口白ワイン 1/2 カップ
- 新鮮なミントの小枝数本

方向：
a) 耐熱洗面器に卵黄と砂糖を入れ、淡黄色でつやが出るまでよく混ぜます。その後、マルサラを泡立てて加えます。

b) 中鍋に水を半分ほど入れて弱火にします。鍋の上の耐熱ボウルに卵とワインの混合物を入れて混ぜ始めます。

c) 熱湯の上で電動泡立て器（または泡立て器）で10分間泡立て続けます。

d) 調理中に混合物が 160°F に達していることを確認するには、即時読み取り温度計を使用してください。

e) 火から下ろし、準備したフルーツの上にザバリオーネをかけて、新鮮なミントの葉を飾ります。

f) ザバリオーネはアイスクリームの上に乗せても、そのまま食べても同様に美味しいです。

結論

卵について、そして卵を使って調理したり焼いたりする方法について知っておくべきことはすべて知っていると思いますか? もう一度考えてみて!**新鮮な卵の毎日のクックブック** では、新鮮な卵を毎日の料理やパン作りのレパートリーに組み込むための新しくてエキサイティングな方法を紹介しています。伝統的な朝食からスープ、サラダ、メインコースに加え、ボリュームのあるディナーや甘いお菓子まで取り揃えています。